AMRA

AMRA

Petra Aiana Freese

Mutter Maria
Königin der Herzen

Ihre Lebensgeschichte, erzählt von Lady Miriam von Chaldäa

AMRA

Brandheiße Infos finden Sie regelmäßig auf:
www.facebook.com/AMRAVerlag

Besuchen Sie uns im Internet:
www.AmraVerlag.de

Eine Originalausgabe im AMRA Verlag
Auf der Reitbahn 8, D-63452 Hanau
Telefon: + 49 (0) 61 81 – 18 93 92
Kontakt: Info@AmraVerlag.de

Herausgeber & Lektor	Michael Nagula
Textredaktion	Silke Schütze
Umschlaggestaltung	Murat Karaçay
Layout & Satz	Birgit Letsch
Druck	CPI Moravia Books

ISBN 978-3-939373-73-5

Inhalt

Einleitung

Nach langer Zeit des Zögerns und vielen Gesprächen mit den aufgestiegenen Meisterinnen und Meistern schreibe ich nun dieses Buch – oder sagen wir treffender: Ich schreibe, was mir diktiert wird. Dabei möchte ich eines vorausschicken: Ich hatte in meinem Leben nie eine tiefere Beziehung zum Christentum. Das war mir nicht möglich, denn ich wurde als Mädchen geboren, und ich entdeckte keine weibliche Kraft in dem mir zur Verfügung stehenden Informationsmaterial, nichts, womit ich etwas hätte anfangen können. Als Kind hielt ich die Frauen in den Geschichten der Bibel einfach für uninteressant, weil sie meinem Verständnis nach überhaupt keine waren. Jedweder Kontakt mit der Thematik des Weiblichen während meiner Kindheit rief in mir Reaktionen zwischen Kopfschütteln und tiefer Erschütterung hervor. Hinzu kam die verbreitete Darstellung des gefolterten Jesus von Nazareth. Sie erfüllte mich mit Traurigkeit, und meine Gedanken kreisten immer wieder darum, mit was für einer Art »Menschen« ich es zu tun hatte, dass sie so etwas anbeten.

Verblüffenderweise wurde ich, auch durch meine eigene anhaltende Erkrankung, immer wieder mit diesen Themen konfrontiert und staunte, was manche Menschen sich aus einer meiner Auffassung nach zusammenhanglosen Geschichte konstruieren und wie dramatisch sich diese Darstellungen auf das menschliche Herz und Sein auswirken. Ob nun das, was ich aufschreibe, ebenfalls so betrachtet werden wird, kann ich noch nicht einschätzen. Das überlasse ich ganz dir und Ihnen. Suche dir da heraus, was du dir herausnehmen magst, und schaue es dir mit eigenen Augen und deinem ganz eigenen Herzen an.

Die Frau, die du als »Mutter Maria« kennst, und die Energie, die du damit verbindest, wurde durch Angst, Gewalt und Liebe zu einem der größten Frauenvorbilder, die wir heute kennen. So viele Frauen, die für andere Frauen gekämpft haben, für die Rechte der Frauen eingetreten sind und den Mut hatten, Außenseiterinnen zu sein, wurden in *ihrem* Namen verlacht, verhöhnt, geschändet, gefoltert und ermordet. Dies alles geschah im Namen des Christentums und von »Mutter Maria«, und so trägt das von Menschen und Machthabern geschaffene Elemental, jene spirituelle Verkörperung der Elemente, um die es sich bei »Mutter Maria« handelt, all diesen Schmerz.

Leben bedeutet Lernen, und so lernte ich in den vergangenen Jahren durch die Verbindung zu den aufgestiegenen Meisterinnen und Meistern auch diese »Frau«, diese Meisterin, näher kennen. Und noch heute geht mir immer, wenn ich ein Kruzifix sehe, die Frage durch den Kopf, wie es wohl für die Mutter gewesen sein mochte, ihren Sohn dort oben wie einen Verbrecher hängen zu sehen. Ich fand die Darstellung eines gefolterten Menschen von jeher eher abschreckend als ansprechend. Sie erfüllte mich stets mit tiefer Trauer.

Als ich in den 1. Reiki-Grad eingeweiht wurde, hatte ich bei einer der Einweihungen eine heftige Vision, die mir auch körperlich zusetzte. Ich dachte, es zerreißt mir den Brustkorb, und schließlich löste sich der Schmerz in einem Gefühl auf, als würde meine Brust auseinanderbersten. Doch es war ein erlösender Schmerz, und so weinte ich den Rest des Seminars unendlich viele Tränen und schwieg über meine Vision. Später erzählte ich meinem spirituellen Lehrer davon, und der gratulierte mir. Er sagte, ich sei angekommen in der Welt der Heiler. Und ich fragte mich, ob ich da überhaupt hingewollt hatte.

Jetzt erst, nach fünfzehn Jahren, weiß ich, dass ich damals genau das Bild vor mir hatte, das Miriam Merea vor Augen schwebte, als sie ihren Sohn vor der Kreuzigung sah, wie er sich den Berg hinaufschleppte und die Hinterköpfe der Schaulustigen ihr immer wieder den Blick verwehrten. Ich hatte mich schon so oft mit der Frage beschäftigt, wie eine Mutter sich wohl fühlt, deren Sohn oder Kind gefoltert oder in den Krieg geschickt wird. Vermutlich war ich bei dieser Einweihung an das kollektive Unbewusste angebunden und sah ein Bild, das ich heute als Bann-Magie gegen Mütter bezeichnen würde. Damals, als ich die Vision hatte, empfand ich es so: Niemand hilft ihm, niemand steht ihm bei. Er trug sein Kreuz, weil er an etwas gebunden war, das größer ist, als wir uns vorstellen können.

Dennoch habe ich eine Weile gezögert, dieses Buch zu schreiben. Ich fühlte mich nicht reif genug, empfand es sogar ein wenig als Anmaßung. Aber nachdem nun auch noch Lady Portia mich gebeten hat, die Worte der Lady Miriam von Chaldäa aufzuschreiben, tue ich es. Mögen sie alle, die damals so wunderbar für die Menschheit als Ganzes eingetreten sind, egal aus welchen Gründen, nun endlich Heilung erfahren, auch in dieser Dimension.

Ich liebe mein Leben als Schamanin, zutiefst verbunden mit Gaia. Und das ist es, was mich mit Lady Miriam verbindet und mich wohl würdig macht, ihre Worte aufzuschreiben. Als Schamanin unterscheide ich sehr genau, mit welcher Energie ich es zu tun habe und mit wem ich verbunden bin. Und mit einem Elemental namens »Mutter Maria« kann und mag ich nicht verbunden sein, weiß ich doch nach jahrelanger Erfahrung, dass bei vielen Frauen durch das abwertende, einschränkende Bild aus dieser Verbindung eine psychische Belastung entstehen kann. Daher wählte ich einen anderen Zugang zur Mutter Jesu – einen Zugang, der uns von den kollektiven Programmierungen der Angst und Opferhaltung verschont.

Die, die hinter der damaligen Inkarnation steht, wird jetzt die Geschichte der Maria von Nazareth schildern, und du selbst kannst entscheiden, ob du gern mit einem durch Gewalt und Manipulation erschaffenen Elemental verbunden sein willst oder für dich und dein Sein dein göttliches Recht auf spirituelle Freiheit in Anspruch und in dein Herz nimmst. Ihre absolute Ehrlichkeit und Schonungslosigkeit und ihre unendliche Liebe und Güte berühren mich zutiefst. Und ich bin dankbar, mit Lady Miriam von Chaldäa verbunden zu sein.

Möge es dir beim Lesen ihrer Worte ebenso ergehen.
Petra Aiana Freese

1

Lady Miriam von Chaldäa spricht

Ich war und bin *nicht* die Mutter Gottes. Ich bin auch nicht die Mutter der Göttin. Sprichst du vom Göttlichen, egal in welcher Form, sprichst du nicht mehr von einer Mutter, denn das Göttliche hat weder Mutter noch Vater. Es *ist*. Das Göttliche ist das, was aus sich selbst heraus erschafft; es ist die große Schöpfer- oder Schöpferinnenkraft, die du in der Unendlichkeit des Universums und aller Universen erspüren kannst und in deren unendlicher Liebe du dich eingebettet und geborgen fühlen kannst, wenn du es für dich annehmen und zulassen magst.

Nur du selbst entscheidest, ob du dich getrennt fühlst, und nur du selbst erschaffst dir Mauern, Grenzen und Trennungen. Du und ich als manifestierter, lebendiger Ausdruck der Göttin können frei entscheiden, wie wir unser jeweiliges Leben gestalten, denn wir haben uns selbst erschaffen als das, was wir sind, als das, was du bist, und als das, was ich bin. Und so konnte auch ich immer diese Entscheidung treffen, weil ich seit Anbeginn der Zeit auf Gaia eng verbunden war und bin mit den Kräften des Lichts, der weißen Schwestern- und Bruderschaft und dem karmischen Rat. Ich komme aus dem blauen Strahl El

Moryas und werde dort Lady Miriam genannt. Mein vollständiger Name, wenn du dich mit mir verbinden möchtest, ist Lady Miriam von Chaldäa, Hüterin und Trägerin des blauen Strahls in seiner weiblichen Energieform. Ich bin ein Mitglied der weißen Schwestern- und Bruderschaft, und wenn du dich in den blauen Strahl begibst, dich mit mir und dem Frieden, der Klarheit und der Wahrheit El Moryas verbindest, dann stehe ich an deiner Seite, helfe dir, klar zu sehen und zu spüren, deine Entscheidungen zu treffen und deinen Weg zu gehen.

Ich werde als eine Mutter bezeichnet, die ihren Sohn geopfert hat, und ich sage dir, ich habe meinen Sohn niemals geopfert und würde es auch nicht tun. Keine natürliche und gesunde Mutter ist bereit, ihr Kind zu opfern. Alle Töchter und Söhne der Göttin stehen zu ihren Kindern und Kindeskindern, denn sie wissen um die Möglichkeiten und die Verantwortung für die gesamte Schöpfung, die mit jeder Geburt auf sie zukommt. Und sie wissen um die Möglichkeiten und die Verantwortung, die sie einem Kind gegenüber haben, und jede Tochter der Göttin und jeder Sohn der Göttin wird das eigene Kind immer wieder einhüllen in die unendliche Liebe und gern auch in das eigene Licht, wenn es erforderlich ist.

Noch nie habe ich eines meiner Kinder geopfert, und so war ich auch mit dem Weg, den Yeshua ging, nicht einverstanden. Ich sah voraus, was die dunkle Seite plante, und konnte es doch nicht verhindern, weil er aufgrund seines Wesens und seiner unerschütterlichen Liebe nicht glauben konnte, dass so etwas geschehen könnte. Dazu werde ich später noch Genaueres ausführen.

Der schleichende Prozess der Trennung, der in Lemuria, Mu und Atlantis geschah, wurde damals lange Zeit nicht verstanden und nicht erfasst. Auf Atlantis gingen wir bis zuletzt davon aus, dass er zu verhindern sei, und wir waren aufgrund der mangelnden Erfahrung auch nicht in der Lage, die Anzeichen entsprechend zu interpretieren. Auch wir konnten nur erkennen, was wir kennen. Und wir gingen davon aus, dass die Entwicklung des körperlichen Seins auf Gaia in Frieden, Eintracht und in einem harmonischen Miteinander stattfinden könnte. Und vor allem in einem harmonischen Sein mit Gaia, denn wir hatten gemeinsam mit ihr vieles erschaffen von all dem, was du heute noch in anderer, angepasster Form auf dieser wunderbaren Erde findest. Und wir erschufen vieles, was nicht in manifestierter Form vorhanden ist, so dass es vor den Blicken der Unwissenden und Uneingeweihten geschützt ist.

Ich selbst war immer eine weibliche Energie, also ein weiblicher Ausdruck der unendlichen Schöpferinnenkraft. Als diese hatte ich mich selbst erträumt in den Sphären des Universums, und mich auf Gaia eingebracht. Als ich mit zu der Erschaffung und Besiedelung Gaias aufbrach, kam ich aus einem anderen Universum. Damals waren auch die verschiedenen Universen und Dimensionen miteinander verbunden, und so stellte diese Reise mich nicht vor besondere Herausforderungen. Bei der dann fortschreitenden Verdichtung behielt ich in jeder Inkarnation meine weibliche Intention als Hohepriesterin der Göttin und meine in mir ruhende liebevolle Schöpferinnenkraft bei. Brauchte ich auch manchmal etwas Zeit, um wieder Zugang zu meinen vollständigen Erinnerungen zu finden, so war durch die

Meisterinnen und Meister aus der anderen Dimension doch immer wunderbar für mich gesorgt, und ich konnte mich bereits im Kindesalter vollständig erinnern.

Bereits auf Atlantis erlebte ich, dass diejenigen, die die Macht der Herrschenden trugen, nicht mehr bereit waren, sich an die Abmachungen mit Gaia und den anderen Planetenvölkern zu halten, und stärker und stärker nach persönlicher Bereicherung und Machtbündelung strebten. Die Dunkelheit bemächtigte sich ihrer mit Leichtigkeit, und so wurden ihre Sinne und ihr Eintreten für das Ganze in der Kraft und Liebe der großen Schöpfergöttin Gaia, für die Menschheit und für die anderen planetaren Völker immer verschlossener und schwächer, und es wurde teilweise auch durch genetische Experimente und Rituale zerstört. Sie hörten nicht mehr auf die Priester und Priesterinnen und versuchten, deren Gaben und Talente für ihre Manifestationen der Macht einzusetzen, und so erlebten viele von uns und euch eine unglaublich traurige Zeit.

Die kosmischen und auch die telepathischen Verbindungen zerfielen, wurden schwächer und brachen dann teilweise vollständig ab. Es war wie ein großer Abstieg der beginnenden Menschheitsgeschichte aus der Geborgenheit des kosmischen Raums, hinein in Trennung und Enge. Die beginnende Menschheitsgeschichte, die sich aus vielen universellen Völkern in Verbundenheit und Liebe mit den Menschen, die auf Mu beheimatet waren, bereits sehr liebevoll entwickelt hatte, wurde durch Trennung und Gewalt belastet. Vieles lernten die anderen planetaren Völker auf Gaia und in ihrem Sein mit Gaia. Wissen und Material wurden ausgetauscht und zum Nutzen aller eingesetzt. Gaia selbst galt im Universum als Planet der Kontemplation, des Friedens und der Heilung, und die ganze Schöpfung wurde bis zu diesem dramatischen Zeitpunkt von allen gewürdigt und geachtet.

Als der Abstieg begann, wurden in Form von Hoffnung und Liebe bereits Schlüssel in die genetischen Codes von Mensch und Tier, Pflanze und Stein sowie in der linearen Zeit gesetzt, die sicherstellen sollten, dass die Zeit der Dunkelheit ihr Ende finden würde und musste und die Kinder des Lichts wieder zu ihrer vollen Größe erwachen würden, in Einklang mit der Mutter Erde, die Gaia ist. Ebenfalls wurden direkt auf Gaia Anker gesetzt, die Veränderungen und Verschiebungen der Dimensionen halten und auffangen können; diese sind energetisch mit dem gesamten Universum verbunden. Solche Sicherheitsmaßnahmen waren aufgrund der Erfahrungen auf anderen Planeten noch vor dem Aufstieg und Untergang Lemurias veranlasst worden. Wir konnten im Einzelnen nicht absehen, was uns alles erwarten würde und wie tief der Fall werden würde. Doch der karmische Rat und der kosmische Rat der Planetenverbünde trafen diese Sicherheitsmaßnahmen, über die wir alle heute sehr glücklich sind. Sie ermöglichen uns endlich wieder den klaren und intensiven Kontakt zu dir und euch, und dein Erinnerungsvermögen an deine Herkunft kann somit wieder frei werden.

Du selbst trägst genetische Codes und in deinem Lichtkörper entsprechende Anker und Lichtartefakte, um wieder erwachen und in die Verbundenheit mit den Kräften des Lichts gehen zu können. Bei den Lichtartefakten handelt es sich um sehr kleine Lichtpunkte, die in ihrem Inneren komprimiertes Wissen in Form von Energie enthalten.

(Lady Miriam Merea sendet mir ein Bild davon – was ich sehe, sieht für mich aus wie freundliche Orbs. Ein kleines gelartiges Gebilde, das angefüllt ist mit zarten Fäden aus allen Farben, es erscheint mir sehr liebevoll und sanft. Darin befinden sich sogenannte »Lichtkörpergene«, die bei Bedarf aktiviert werden und sich dann mit dem physischen Körper verbinden. Als zusätzlichen Hinweis bekomme ich dazu die Darstellung eines menschlichen Körpers, in dem sich zarte Lichtfäden ihren Weg suchen.)

Dein spirituelles Selbst hat es mit in deinen physischen Körper eingewoben, in dein Zellbewusstsein, und so hast du dich selbst so erschaffen, wie du heute bist. Mit all den Lichtartefakten und Ankern, die sich in dir und um dich herum in deinem Lichtkörper befinden. Wir, die ihr heute die aufgestiegenen Meisterinnen und Meister nennt, wurden damals gehalten von den Kräften des Lichts, besonders von den großen Engeln, zu denen wir auch in den Zeiten des Abstiegs noch eine intensive Verbindung hatten, und wurden weiterhin in das Licht der kosmischen Liebe gehüllt. All die anderen aufgestiegenen Meisterinnen und Meister, die in dieser Zeit selbst nicht mit inkarniert oder in anderer Form auf Gaia lebten, hielten uns, die wir unmittelbar betroffen waren, in all den gemeinsam durchlebten Phasen mit ihren Energien, schützten und stärkten uns.

Die Strahlen der großen Hüteengel und Erzengel hüllten uns ein und versorgten uns mit spirituellen und lichtvollen Energien. In diesen Energien konnten wir unsere Verkörperung halten, um so lange wie irgend möglich noch lichtvolle Anker auf Gaia zu setzen.

So waren wir zwar geschützt, doch der tiefe Schmerz über das, was sich vor unseren Augen abspielte, und das Wissen, dass wir es nicht verhindern konnten, verankerte und wurzelte als unendlicher Schmerz in den Tiefen des eigenen Seins. Traten wir in die Nähe der Menschheit, wurde auch in uns vieles wieder aktiviert, was in der Menschheitsgeschichte geschehen war und womit wir verbunden waren und sind. Wir waren sozusagen unantastbar, denn die Machthaber und Machthaberinnen konnten zwar das Spiel ihres niederen Egos spielen, aber sie wussten sehr genau, dass ein Übergriff auf eine oder einen von uns sofort eine Reaktion des karmischen Rates nach sich gezogen hätte.

Für viele von uns entstand das Gefühl tiefer Sinnlosigkeit und Trauer, und so beschlich auch uns das erste Mal das Gefühl, machtlos zu sein und sehenden Auges schauen zu müssen, wie sich entwickelte, was dann geschah. Bereits auf Atlantis entstanden auch in unseren Reihen Auseinandersetzungen und Verstrickungen, und so wurde es auch für viele von uns zur Herausforderung, uns nicht in negative Emotionen verwickeln zu lassen und ein »armes und niederes Ich« zu entwickeln, wie ihr es heute nennen würdet. Diese Art von Entwicklung weist auf den tiefen Verlust des lichtvollen Seins hin und erschafft eine negative Verbundenheit, die niemandem zum Wohle gereicht.

Viele von den Sternenkindern, die in tiefer Liebe mit Gaia und uns verbunden waren, beschlossen dann ganz bewusst, in den Sphären Gaias zu bleiben und wieder und wieder zu inkarnieren, bis zur Wiederkehr des Lichts und bis zur Geburt der neuen Erde. Die, die von der anderen Seite der Sonne gekommen waren und eine direkte Verbindung zur

Zentralsonne hatten, blieben auf Grund ihrer Lichtkraft gezielt auf Gaia, denn dieses Licht konnte von niemandem eingeschränkt werden. Diese »Kinder des Lichts« tragen es direkt in ihrem Lichtkörper, und versucht man, dieses Licht auf irgendeine Art und Weise zu verdunkeln, verlassen sie den jeweiligen physischen Körper, um alsbald in eine erneute Inkarnation zu gehen. Sie wissen um ihre Funktion als Lichtträger und Lichtträgerinnen für Gaia, und die Sonnenengel, die sie wirklich sind, sind ebenso unsterblich wie die Sonne selbst und wie die große Schöpfergöttin.

So blieben viele lichtvolle Seelen auf Gaia, um mit ihr gemeinsam durch diese Zeit zu gehen, in dem tiefen Wissen, dass sie irgendwann wieder mit uns, der weißen Schwestern- und Bruderschaft, verbunden sein und die alten Schlüssel aktivieren würden. Ich kannte auch die große Seele, die später als mein Sohn durch mich inkarnierte, bereits aus dieser Zeit, und somit waren uns beiden all diese Entwicklungen, auf und mit Gaia, vollkommen vertraut. Ich selbst bin eng mit der Venus und den Hathoren verbunden und habe dort viele Schulungen und Phasen des Lernens verbracht. Die Hathoren wiederum waren immer eng mit Isis als sichtbarer und unsichtbarer Kraft und Form der großen Schöpfergöttin verbunden.

Es war uns als Mitgliedern der weißen Schwestern- und Bruderschaft vollkommen klar, dass wir uns immer wieder würden schützen müssen und uns bemühen würden, unerkannt zu bleiben, denn wir konnten unsere Erinnerungen in die jeweiligen Dimensionen mitnehmen. Waren wir also bereit, noch einmal zu inkarnieren, nahmen wir unser ganzes Sein und all unsere Erinnerungen mit in die nächste Inkarnation. Wir bauten uns die Schlüssel für den Fall des Vergessens ein und entwarfen den eigenen Lebensplan. Wir standen in der langen Zeit im ständigen Kontakt mit den anderen Dimensionen, inkarnierten, machten unsere Erfahrungen, brachten uns ein und gingen wieder. Einige von uns kamen oftmals wieder, um die Kinder des Lichts zu erinnern und ihr Licht wieder stärker leuchten zu lassen.

Als dann die Dunkelheit immer mehr um sich griff, wurde die jeweilige spirituelle Inkarnation in Absprache mit der werdenden Mutter durch einen Engel angekündigt. Diese Engel sind Energiewesen, die vollkommen unabhängig sind und lediglich der kosmischen Ordnung folgen und auf diese achten. Sie hatten sich bereit erklärt, der Menschheit so weit wie möglich beizustehen und sie auf ihrem langen Entwicklungsweg zu begleiten. Und so hatten sie auch diese Aufgabe als eine Art spirituelle Führerinnen und Führer übernommen. Sie stellten immer eine Brücke zwischen den Dimensionen dar, und für einige Menschen und an manchen Orten auf Gaia war und ist es möglich, ganz direkt mit ihnen in Kontakt zu treten. Auch zu der Zeit, als mir der Erzengel sagte, dass eine besondere Seele durch mich inkarnieren würde, war ich geübt und geschult in der Wahrnehmung von lichtvollen Wesenheiten und vollkommen vertraut mit ihnen. In mir war das Wissen um den Schöpfungsplan, und so hatte ich die intuitive Gewissheit, dass sich nun etwas ereignen würde, was bereits mit mir vor meiner Inkarnation als Miriam Merea in anderen Dimensionen besprochen worden war.

Bereits zu dieser Zeit waren die meisten Menschen auch nicht mehr in der Lage, die sanften Energien der Lichtschiffe zu sehen, die sich in der Nähe Gaias aufhalten und oftmals sehr nahe kommen. Und so konnte mein Kontakt gefahrlos stattfinden – teilweise auch über meine spirituellen Sinne. Für das menschliche Auge waren die Lichtschiffe bereits in einer anderen Dimension, wie auch die Engel und die wunderbaren Wesenheiten der Anderswelten, und so konnte von dort aus dann oftmals ein verbaler Kontakt hergestellt werden, aber eben keine visuelle Wahrnehmung. Mache dir immer klar, dass die Lichtschiffe der lichtvollen Seite für dich kaum jemals in dieser Zeit sichtbar sind, und sei achtsam und vorsichtig bei denen, die du mit dem bloßen Auge wahrnehmen kannst.

Die Lichtschiffe bestehen aus Licht und Energie und haben wolkenähnliche Formen und Farben; sie wechseln die Dimensionen und bestehen nicht aus fester Materie in der Art, wie du es auf Gaia gewöhnt bist.

Nach dem Abstieg in die Dichte wurde es immer wichtiger, dass eine Frau, die sich für eine Seele als Tor in die menschliche Inkarnation zur Verfügung stellte, darauf vorbereitet wurde und ihr Einverständnis dazu gab. Je klarer, reifer und bewusster eine Frau war und ist, die sich für die Mutterschaft entschieden hat, desto intensiver kann sie selbst bestimmen, was für eine Seele sie zu sich einlädt. In all der vorherigen Zeit, in der wir selbst unsere jeweilige Form erschufen, benötigten wir keinen anderen Menschen, um uns auf Gaia zu verkörpern.

Das hatte den Vorteil, dass wir vollkommen frei und unabhängig von störenden Bindungen und Abhängigkeiten blieben und in aller Freiheit kommen und gehen konnten. Nach dem traurigen Untergang und der energetischen Trennung von Lemuria, Mu und letztlich auch Atlantis war all das nicht mehr möglich, und so ist vieles von diesem Wissen bis heute in vielen Seelen wie ein feines Klingeln spürbar: die Sehnsucht nach der vollkommenen Freiheit von allen Bindungen, die Sehnsucht nach vollkommener Unabhängigkeit, die tiefe Sehnsucht nach dem eigenen, spirituellen Sein, erfüllt in der tiefen spirituellen Liebe.

Und diese Sehnsucht ist eine Erinnerung an diese längst vergangene Zeit, die doch nie zu Ende war und ist. Denn dieses Wissen ist in dir. Bindungen, die in Liebe und Freiheit stattfinden, können bis heute niemals negative Auswirkungen auf die betroffenen Menschen haben.

Je mehr du dich aus den Illusionen der Gebundenheit und der Getrenntheit löst, desto mehr wirst du dieses Bewusstsein wieder erreichen und somit wieder beginnen, deine vollkommene Unabhängigkeit und Freiheit zu leben. Der Aufbau der verschiedenen Systeme, der bereits in der Endzeit von Atlantis begann, hat immer mit Bindungen und Abhängigkeiten zu tun, und so entstand bereits damals die Basis für die Systeme, in denen du heute lebst und an die du mit deinen unbewussten Anteilen und einem physischen Körper gebunden bist.

In all der langen Zeit zogen all diese Systeme die dunklen Netze auf vielerlei Art und Weise, um sie durch die Bindung von Energien stark und mächtig werden zu lassen. Rituale und Trainingsmethoden wurden entwickelt, um natürliche Liebesfähigkeit, Verbundenheit und Mitgefühl förmlich abzutrainieren und stattdessen Angst und Abhängigkeit zu implantieren. In einen leeren Raum kann alles implantiert werden, was von denen, die diesen leeren Raum haben entstehen lassen, in jeder Weise genutzt werden kann. Der Verlust der liebevollen, göttlichen Seele oder von Seelenanteilen hinterlässt einen leeren Raum, der sich dann mit Angst, Misstrauen und Gewaltbereitschaft füllen lässt.

Ich selbst verließ das Sein auf Gaia einige Zeit vor dem Untergang von Atlantis für lange Zeit; ich hatte am Aufbau Lemurias mitgewirkt und dort den Tempel der Göttin gehütet und mit gehalten. Ich hatte die liebevolle Entwicklung zwischen Mu und Lemuria miterlebt und mitgetragen. Auf Atlantis war ich selbst damals nicht, da es dort kein Wirkungsfeld für mich und die große Göttin gab. Doch als immer klarer wurde, dass eine große Traurigkeit von Atlantis ausging, die sich über Mu auszubreiten begann, und die Kristalle anfingen, sich zu verschließen, bat ich darum, zurückkehren zu dürfen in den Tempel des blauen Strahls zu El Morya, in meine spirituelle Seelenheimat.

Doch war ich eingewoben in das Versprechen an Gaia, dass wir in Einklang mit ihr sein und leben und im Einklang und in Harmonie mit ihr diese Schöpfung gestalten wollten. Ich wusste, dass ich dieses Versprechen niemals vergessen oder brechen würde. All die wunderbaren Erfahrungen und Entwicklungen, die im kosmischen Einklang stattgefunden hatten, wurden dann später teilweise durch die energetisch armen und lieblosen Kräfte zunichte gemacht oder infiltriert, die es wunderbar verstanden, die negative Kraft des Egos der Mächtigen zu nähren und für ihre Interessen einzusetzen.

Es gelang uns noch einmal, diese negative Kraft zu entmachten. Doch wir wurden von einigen Mitgliedern des kosmischen Rates boykottiert, und so nahmen die bekannten

Wege ihren Lauf. Sie beriefen sich auf die göttliche Freiheit aller Wesen und auf die Selbstverantwortung, und sie bauten derart starke Energien auf, dass sich eine Resignation über Gaia ausbreitete, die für diejenigen ein dramatisches Ausmaß annahm, die emotional mit der Menschheit und Gaia verbunden waren. Das kosmische Gesetz der Freiheit der Planetenvölker war auch für die sich entwickelnde Gaia eine tiefe Erfahrung, die sie gemeinsam mit der Menschheit und all ihren Geschöpfen durchlebte. Die Entscheidung der Hohepriesterinnen und Hohepriester, die aus unseren Reihen ständig mit Gaia verbunden waren, wurde als zu konsequent und durchgreifend eingestuft und aufgehoben. Ein großer und langer Entwicklungszyklus begann.

Nachdem die Machthaber und auch die Weisen sich von Atlantis ausgehend kurz vor der Vernichtung ihrer Inseln auf Gaia ausgebreitet hatten, inkarnierte ich selbst nicht mehr. Ich begann, mein Wahrnehmungsfeld einzuschränken und mich für lange Zeit energetisch zurückzuziehen in den geschützten Raum der »Tempel des Lichts, der Liebe und der göttlichen Strahlen«. Allerdings begleitete ich als nicht verkörperte Energie die Mysterienkulte in Ägypten und Chaldäa, die wunderbaren und strahlenden Isis-Kulte, die dann auch dafür sorgten, dass Ägypten eine lange Periode der Fruchtbarkeit und des Friedens erlebte.

Hinter all der Pracht und Mythologie des Isis-Kultes stand voller Stabilität und Ruhe die liebevolle Kraft der Hathoren. Die Energie der Hathor, als Symbol für die reine Liebe der großen Schöpfergöttin, wurde durch die Kanäle der Isis-Priesterinnen und -Priester gefiltert und mit der Weisheit und Liebe der Isis im Herzen verbunden. Durch diese Vorgehensweise, die vollkommen mit den kosmischen Kräften des Lichts abgestimmt wurde, konnten die weitergehenden Vermischungen und Entwicklungen, die nun begannen, zumindest teilweise liebevoll und achtsam geleitet und geführt werden.

All die Wesenheiten dieser wunderbaren Hochkultur, die immer eine Vermischung zwischen dem Göttlichen, dem Menschlichen und den Mitgeschöpfen darstellten, dienten dazu, eine harmonische Beziehung zwischen der wunderbaren Schöpferinnenkraft Gaias und den dahinterstehenden Kräften und Energien herzustellen und zu erhalten. So ging es bei all diesen Darstellungen auch um ein Hilfsmittel, um Erinnerungen wachzuhalten und die Kräfte, die in die Lichtkörper implantiert worden waren, zu wecken und zu aktivieren. Viele Sternenkinder waren nun verstreut über Gaia und begannen sich dort einzuleben, wo sie hingekommen oder auch zurückgelassen worden waren. Und so war der Kontakt zu ihnen nur noch über entsprechende Inspirationen der jeweiligen Priester und Priesterinnen oder Schamanen und Schamaninnen möglich.

Wir hatten die Gaben Gaias in Demut und Dankbarkeit betrachtet, ermöglichte sie doch all den Menschen und den von uns implantierten Geschöpfen das Dableiben und gab ihnen ein Zuhause. Es war ein ständiger Lern- und Entwicklungsprozess, den Einklang mit Gaia und mit der ganzen Schöpfung über die energetischen Möglichkeiten durch Licht und Farben zu erhalten. Ich fungierte dabei als Mitglied der Kräfte des Lichts und als Hüterin des blauen Strahls, gemeinsam mit El Morya, als Begleiterin aus einer anderen Dimension heraus. Auf die Vermischungen der auf anderen Kontinenten Gaias lebenden Rassen hatte ich keinerlei Einfluss, und so verbrachte ich die Zeit in energetischer Verbundenheit mit den Schulen in Chaldäa und den Isis- und Hathor-Tempeln, die in Ägypten entstanden waren.

In dieser Kultur fand lange Zeit eine harmonische Verbindung zwischen den Kräften und Geschöpfen Gaias und den spirituellen Dimensionen statt, und so konnten wunderbare Lehren weitergegeben werden, die dort auch in bestmöglicher Klarheit und Reinheit bewahrt, geschützt und gelehrt wurden. In den Tempeln Ägyptens wurden lange Zeit noch die grundsätzlichen Lehren des Umganges mit Energien, Farben, der eigenen spirituellen Kraft, dem eigenen Potenzial und den Zyklen und Regeln Gaias, in Verbindung zum gesamten Universum, behütet und an die entsprechenden Aspirantinnen und Aspiranten weitergegeben.

Das Wissen um das über allem stehende Resonanzprinzip und das Wissen um die energetischen Verbindungen dieser Schöpfung konnte wieder behütet und ständig erweitert werden. So wurden auch die Bewegung der anderen Planeten und Universen, ihre energetischen Auswirkungen auf Gaia selbst und die eigenen Rhythmen und Zyklen Gaias immer wieder berechnet und bestimmt, um mit ihrer Hilfe bestimmte Ereignisse rechtzeitig vorhersehen und ihnen begegnen zu können.

In den ägyptischen Tempeln wurden die Schriftrollen gelagert und studiert, Einweihungswege zur Entfaltung des Lichtkörpers gegangen und immer wieder unendlich viel geleistet, um die Energien zu halten und all den verschiedenen Menschen des Landes, ihren Bedürfnissen und ihren

Begabungen gerecht zu werden. Einweihungswege waren und sind Bewusstwerdungswege, die in harmonischer Übereinstimmung mit dem ganz persönlichen Weg der jeweiligen Menschen, und manchmal auch ihren Mitgeschöpfen, zu einer freien spirituellen Entfaltung des eigenen Potenzials – durch Aktivierung des Lichtkörpers und der dort befindlichen Informationen – beitragen können.

Diese Entfaltungen und Entwicklungen bedurften und bedürfen besonderer Achtsamkeit, und so wurde auch damals schon immer wieder voller Freude und Dankbarkeit das Geschenk des spirituellen Seins angenommen und weiterentwickelt. Das Sein auf Gaia und mit Gaia erfordert von allen achtsamen Menschen ein ständiges Harmonisieren zwischen den unglaublichen Kräften Gaias und dem Wunsch, mit ihr in Einklang zu leben. Ich hatte in den Zeiten der Übergänge als Mittlerin zwischen der großen Schöpfergöttin und der Menschheit die besondere Aufgabe, die Frauen als Töchter der Göttin bei der Erkenntnis ihres ganzen Potenzials zu begleiten, sie bei den Zyklen ihrer Fortpflanzungsfähigkeit und ihrer Fruchtbarkeit, die auf vielerlei Arten ihren Ausdruck findet, zu unterstützen und zu schützen und sie immer wieder zur Unabhängigkeit und Selbstständigkeit anzuleiten.

Um Intervalle von Veränderungen und Entwicklungen für die Menschen und die Schöpfung in Verbindung mit der Menschheit erträglich und nachvollziehbar zu gestalten, gab und gibt es zu allen Zeiten Rituale und Personenkulte. Doch das Ziel einer jeden spirituellen Entwicklung kann immer nur die Entwicklung in das eigene, vollkommen entfaltete Bewusstsein sein, das sich im Einklang und in Harmonie mit allem, was ist, befindet. Jedes Geschöpf, egal, in welcher äußerlichen Form, ist ein lebendiger und sichtbarer Ausdruck der großen Göttin, der unendlichen Energie, die auch dieses Universum erschaffen hat und auch dich und mich.

Die äußerlich sicht- und wahrnehmbaren Wechsel in den Machtstrukturen hatten auf die spirituelle Entwicklung nur insoweit Einfluss, als dass die eine oder andere Veränderung in den Lichtkörpern der betreffenden Menschen und Mitgeschöpfe vorgenommen werden konnte. Als Echnaton später den Sonnengott als den einzigen Gott vorstellte, stand die vorherige Tradition nicht im Widerspruch dazu, sondern stand für die vielfältigen Ausdrucksformen des einzigen göttlichen Prinzips. Die Verehrung der Sonne als göttliches Symbol ist lediglich eine andere Form, und auch innerhalb dieser Form konnten die spirituelle Entwicklung und das Hüten des überlieferten Wissens weiterhin stattfinden. Bis das atlantische Drama sich wiederholte und es zu einem rigorosen Durchgreifen der Machthaber und einer Vernichtung und Einengung des alten, überlieferten Wissens kam.

Die Bestimmung einer einzigen Gottheit zum durch alles wirkende Prinzip stellt für die jeweiligen Machthaber immer eine Machtzentrierung dar, die ihnen die Ausübung ihrer Restriktionen erleichtert. Es ist ihnen dabei vollkommen bewusst, dass diese eine Gottheit nicht zu erreichen und zu verwirklichen ist, doch genau dieses Wissen ermöglicht es ihnen, mit Angst, Drohungen und Unsicherheiten zu operieren, die immer wieder zur Manipulation derer dienen, die in einem dieser dunklen Netze verwoben sind.

Und so wurde dieses Machtprinzip mehr und mehr gegen das Weibliche und somit gegen die lebendige Kraft Gaias und der Schöpfung eingesetzt, und eine immer enger werdende Spirale begann sich stärker und stärker zu entwickeln. Gefühle wie Vertrauen, Liebe und Gelassenheit konnten nur noch in ihrer negativen Form wahrgenommen werden, denn wenn du niemandem mehr vertraust, dann zieht dich genau der Mensch an, dem du wenigstens etwas vertraust. Doch Angst und nagende Zweifel sind und bleiben in solchen Fällen die Grundlage deines schwachen Vertrauens, das sich nur mühsam aus sich selbst heraus speist. Du befindest dich dann in der Energie des Mangels, denn dein Inneres sagt dir, dass du niemandem vertrauen kannst und dass du da oder dort wenigstens etwas vertrauen kannst.

Ebenso wurde im Weiblichen als Basis des Seins der Mangel implantiert: Das Unbewusste (Chakren und Lichtkörper) wurde so programmiert, dass es keinerlei Anspruch auf ein menschenwürdiges Leben hatte. Wird nun eine Botschaft der Fülle gesandt, erfolgt die menschliche Reaktion aus dem Grundgefühl des Mangels heraus und und verwirft jede Dankbarkeit und Akzeptanz als unzureichend.

Die einengenden und manipulativen Energien verdichteten sich mehr und mehr auf Gaia, und im Universum begann die endlose Traurigkeit der Göttin alles zu durchweben und wie ein klagender Ton von Planet zu Planet zu schwingen. Das Leid der Frauen, das Leid des Weiblichen, der Schöpferinnenkraft und somit auch das Leid aller männlichen Energien, drang wie ein endloser, entsetzlicher Ton durch den Kosmos, erreichte alles, was irgendwie erreichbar war, und berührte auch die Energien der Tempel aus Farbe und Licht. Die lichtvollen Strahlen der Engel, selbst der großen Hüteengel, begannen zu vibrieren.

Und so entschloss ich mich in Übereinstimmung mit El Morya und der weißen Schwestern- und Bruderschaft, als weiblicher Ausdruck der Schöpfergöttin zu inkarnieren, in vollem Bewusstsein meines Seins und mit dem Auftrag, später als Mutter des Yeshua, der Verkörperung des aufgestiegenen Meisters Sananda, zur Verfügung zu stehen. Die wunderbaren Engel machten sich auf die Suche nach den für mich geeigneten Eltern, die in einem Gebiet lebten, in dem das Weibliche mit all seinen wunderbaren Gaben und Talenten bereits im Sterben lag.

So begann meine Inkarnation als Miriam Merea, als Tochter eines wunderbaren Ehepaares, das sich sehnlichst ein Kind wünschte. Die Erzengel und ich hatten mir liebevolle und spirituelle Eltern ausgesucht. Ein Lichtwesen hatte ihnen mein Kommen angekündigt, und so wurde ich voller tiefer Freude und Liebe empfangen und erwartet. Sie gaben mir den Namen Maria Miriam.

Der Name Maria wirkt nur für diese eine Inkarnation, der Name Miriam Merea jedoch erreicht meine Seele, und mein meisterlicher Name Lady Miriam von Chaldäa trägt die hohe Schwingung des blauen Strahls.

Die Warmherzigkeit und unendliche Liebe meiner menschlichen Eltern machte es mir sehr leicht, ihnen eine gute Tochter zu sein, und mich führte und leitete in all meinen Kinderjahren das Bestreben, ihnen so viel Liebe entgegenzubringen, wie es mir nur möglich war. Ein derartiges Zuhause ist selbst in Zeiten, in denen das menschliche Leben etwas schwerer und anstrengender ist, immer ein wundervolles Zuhause. Da meine beiden Eltern sehr spirituell waren, ließen sie mich von klein auf mit den alten Mysterien und

Überlieferungen aufwachsen, und mit sechs Jahren begann meine Schulung im Isis-Tempel. Damit hatten meine Eltern nicht über meine Zukunft bestimmt, denn sie ließen mir alle Freiheit. Doch sie sorgten auf diesem Wege dafür, dass ich leicht an all meine Erinnerungen anknüpfen konnte und die notwendigen Fertigkeiten erlernte, die in der Verbindung mit einem physischen Körper erforderlich sind.

Sie waren gut vorbereitet worden und wussten um meinen Weg, den zu gehen ich mich bereit erklärt hatte. Und sie waren eingeweiht in den Plan, dass mein Körper als Tor für die Inkarnation einer unendlich lichtvollen Kraft erschaffen wurde, die die Anerkennung der kosmischen Erinnerung und des göttlichen Wissens wieder auf Gaia implantieren würde: ein Sohn der Göttin. Es war eine wunderbare Zeit, in der ich mich auf Gaia und in der Dichte des physischen Seins noch einmal richtig zu Hause fühlte.

Die Zeit in den Isis-Tempeln war für mich sehr wechselhaft. Manche Erfahrungen machten mich traurig, doch viele erfüllten mich auch mit tiefer Freude, als ich feststellen konnte, was zumindest dort noch erhalten geblieben war. Der ständige Austausch mit all den Wissenden, die ich dort traf, mit denen ich Rituale durchführte und mit denen ich in ständiger Verbindung stand, machte mein Leben erträglich. Lernen und Lehren wurden dort zu meinen wichtigsten Aufgaben, und ich verbrachte immer weniger Zeit mit anderen Dingen. Doch hin und wieder lief ich durch die Stadt, oder ich hörte von anderen Menschen, was sich außerhalb des Tempels und meines Elternhauses abspielte. Die Frauen hatten vergessen, welch ein Geschenk ihre Gaben und Talente für diese Schöpfung waren. Das Weibliche litt entsetzlich unter all den Demütigungen, der Gewalt, der Rachsucht und der Zerstörungswut der Männer, die von den sonderbaren Priestern und Machthabern angestachelt und aufgehetzt wurden. Schon lange vor dieser Zeit hatten die Frauen verloren und vergessen, was Liebe, Warmherzigkeit und Göttinnenkraft waren.

Begab ich mich zum Marktplatz oder zu einem öffentlichen Brunnen, sah ich um mich herum Gruppen von Männern, die sprachen und tranken, und ich sah arbeitende Frauen und Mädchen, die sich bei all ihrem Fleiß noch beschimpfen, missbrauchen und demütigen lassen mussten. Niemand half ihnen, niemand stand ihnen bei. Und hatte eine Frau den Mut, sich zu wehren, so wurde sie öffentlich gequält und ermordet. Und so erfüllten mich all die grauenvollen Frauenschicksale, von denen ich hörte oder die ich sah, mit dem tiefen Schmerz der Göttin. Ich versuchte, zu heilen und zu helfen, wo es mir möglich war, ohne mich selbst, meine Familie oder den Tempel in Gefahr zu bringen. Und doch überwältigte auch mich oftmals die tiefe Resignation, die sich bereits wie ein Feuermal überall in die Erde gebrannt hatte.

Gaia selbst hatte sich an all diesen Orten sehr verändert, große ausgetrocknete und unfruchtbare Gebiete waren in Resonanz mit der Resignation der Menschen entstanden. Viele Menschen waren in all den Zeiten geboren worden und gestorben; der Zorn und die Trauer in ihren Körpern waren zu Gaias Körper geworden. Immer wieder schaute ich in leere Augen, in denen kein Seelenlicht zu erkennen war, und das, was ich dann fühlte, erfüllte auch mich mit tiefer Traurigkeit.

Betrat ich wieder mein Elternhaus oder den Tempel, brauchte ich eine kleine Weile der Kontemplation, um all diese Eindrücke im Lichte Spirits wieder gehen zu lassen und wieder vollkommen in meinem ganz eigenen Licht zu sein. Eingehüllt in die strahlenden, lichtvollen Energien der weißen Schwestern- und Bruderschaft und der Göttin, umgeben von den Engeln, konnte ich mich schnell und leicht wieder in meine Kraft und in meine ganz eigene Anbindung bringen. Ich aktivierte meinen Lichtkörper und seine Anbindungen mit meiner ganz klaren Absicht. Meine Erinnerungen wanderten immer wieder zurück zum Anfang, so dass ich aus all diesen Erinnerungen und meinem Wissen Mut und Kraft schöpfen konnte, um dieses Leben als Miriam Merea gestalten zu können, soweit es in meinen Händen lag.

2

Erster Kontakt Gaia

Als wir damals mit vielen Sternenwesen auf Gaia ankamen, waren wir bereits in verschiedene Gruppierungen und Bereiche eingeteilt worden. Die Aufgaben, bei denen wir uns auf unseren Heimatplaneten bereits bewährt hatten oder die einfach unserer natürlichen Veranlagung entsprachen und entsprechen, galten als Einsatzkriterium. Im universellen Kontext gilt immer die Regel, dass das Göttliche fehlerfrei war und ist, und so bestand zwischen all den verschiedenen Sternenwesen eine große Neugier, Offenheit und Toleranz. Sich gegenseitig kennen- und verstehen zu lernen bei einer gemeinsamen Aufgabe, die in dem Aufbau und der Gestaltung eines wunderbaren Planeten bestand, erfüllte uns alle mit einer unbeschreiblichen Freude und Begeisterung, die du heute wohl als Liebe bezeichnen würdest.

Da dieser Planet bereits zu der Zeit, als wir eintrafen, einen ganz eigenen Ausdruck und Charakter hatte, der vor Vielfalt und Schönheit strotzte, war es für uns eine wunderbare Aufgabe, Gaia mit Ehrfurcht, Liebe und Begeisterung zu begegnen, um zu erleben, dass sie uns mit ihrer Fülle und Liebe begrüßte und annahm. Damals gaben wir ihr das Versprechen, sie zu ehren und im Einklang mit ihr zu leben, mit ihr zu kommunizieren und verbunden zu sein und zu bleiben. Wir versprachen, mit ihr zusammen alle Entwicklungswege zu gehen, die wir dann gegangen sind, um mit ihr gemeinsam in genau dieser Zeit anzukommen, in der wir alle jetzt leben.

Freude, Kreativität, Leichtigkeit und Schöpferinnenkraft erfüllte unsere Anwesenheit hier, und immer wieder erschufen und entwickelten wir gemeinsam mit Gaia. Sie war und ist der sichtbare und lebendige Ausdruck der großen Schöpfergöttin, und entsprechend wurde sie von uns geehrt und behandelt. Respekt, Dankbarkeit, Ehrfurcht und Demut vor dieser wunderbaren Kraft, eingebunden in eine tiefe Liebe, die auf Gegenseitigkeit beruhte, war unsere Basis.

An dieser Basis hat sich bis heute nichts geändert, und wenn Maha Cohan als Träger des türkisen Strahls des Wassermannzeitalters sagt, dass niemand von uns etwas tun wird, was den Gesetzen Gaias zuwiderhandelt, so spricht er damit im Sinne von uns allen und in unserer Sprache. Und so entwickelte ich mich zusammen mit Gaia, in Gaia und für Gaia zu einer ihrer Hüterinnen, verfeinerte meine Beziehung zu ihr von Zyklus zu Zyklus und lernte und wuchs mit ihr. Eine Hüterin Gaias und der Sternenkinder zu sein, beinhaltet viele Aufgaben, deren wichtigste Voraussetzung die Achtsamkeit und die ständige Verbindung zu dieser Schöpfung ist. Und so begann mit der Zeit, als die Dichte immer mehr anstieg und wir daraus das Experiment des physischen Körpers kreierten, die Fortpflanzung durch die Körperlichkeit ihren Ausdruck zu finden.

Seelen aus anderen Systemen, die auf Gaia inkarnieren wollten, mussten nun durch eine Frau ausgetragen werden und sozusagen einen gewissen Teil ihres Verkörperungsprozesses innerhalb eines anderen Körpers durchlaufen. Das allein erforderte sehr viel Einsatz; das Immunsystem des austragenden Körpers musste angepasst, die Größen mussten abgestimmt werden und viele andere Dinge. Mit der Hilfe Gaias hatte die Körperlichkeit einen hohen Perfektionsgrad erreicht und gerade der feinste Bereich, der den manifestierten Ausdruck des spirituellen Seins in einem festen Körper ermöglichte und harmonisierte, war ganz auf die jeweiligen Bedürfnisse abgestimmt worden.

Ständig wurden Zusammensetzungen und Resonanzen verändert. So sollte der manifestierte Ausdruck der spirituellen Seele in der Lage sein, sich vollständig den verschiedenen Bereichen Gaias und den zyklisch auftretenden atmosphärischen Veränderungen anzupassen. Tief verankerte Feinabstimmungen auf gaianische sensible Reize wurden implantiert, und wenn ihr heute von der Genetik sprecht, so seid ihr in den feinen Bereichen noch gar nicht angekommen, denn sie sind mit den heutigen Mitteln noch nicht als Materie zu erfassen, da sie auch keine Materie in der menschlichen Wahrnehmung sind.

Es gibt in jedem manifestierten Körper derartig feine Abstimmungen auf vollkommen sensible Einflüsse durch Töne oder Farben, die dem heutigen menschlichen Wissen über den physischen Körper größtenteils noch nicht eröffnet sind und auch noch nicht eröffnet werden können, solange die reine Existenz lediglich im physischen Ausdruck anerkannt wird. Auch sind die Zugänge zu den Artefakten, die sich im Lichtkörper befinden, für euch teilweise noch in den dunklen Netzen versunken und nur schwer erreichbar. Nicht alle Implantate, von denen du hörst oder liest, sind bedrohlich oder hinderlich, und wenn du die Erzengel um Hilfe bei der Entfernung, Aktivierung oder Öffnung deiner Implantate bittest, dann sage ihnen dazu, worum es dir geht. Viele deiner ganz eigenen lichtvollen Talente und Erinnerungen sind wie kleine, dicht konzentrierte Energiefelder als Artefakte in deinem Lichtkörper verankert. Sie sind sozusagen dein Gepäck, und du kannst entscheiden, ob dieses Gepäck ausgepackt werden soll oder nicht. Entscheidest du dich, ein Gepäckstück zu öffnen, so nehme dir dafür Zeit und Raum, denn die Integration dieser hohen Energien erfordert deine Achtsamkeit und deine liebevolle Fürsorge.

Aktivierte Lichtartefakte brauchen sieben Tage, bis ihre hohe Energie vollständig in die Aura integriert ist, und werden dann beginnen, sich ihre Wege zu den zugehörigen Systemen des physischen Körpers zu erschaffen. Das kann für sichtige Menschen wie ein ganz feiner Lichtkanal aussehen, der aus hochfrequenten Farben besteht. Ebenso kann sich die Integration dieser Energie für den betreffenden Menschen oder das betreffende Mitgeschöpf wie ein zartes Vibrieren oder Ziepen anfühlen. Je freudvoller du das für dich annimmst, desto leichter kann die Energie das körperlich in Resonanz stehende System finden und verfeinern. Für die vollständige Integration benötigt dein System einen Mondzyklus.

Gerade beginnt ihr, bei den »neuen Kindern« einen Eindruck davon zu bekommen, wie die feinen Vernetzungen funktionieren und auf welche Art subtiler Reize sie reagieren – und doch könnt ihr noch nicht annähernd erfassen, was der physische Körper in Verbindung mit dem Lichtkörper eigentlich ist. Je nach Veranlagung liegt eine besondere Ausprägung des emotionalen oder mentalen Bereiches vor, die beide gut und richtig sind und sich zu einem wunderschönen Potenzial entfalten können, wenn sie mit dem hochfrequenten Geistkörper und mit den außerkörperlichen Chakren auf integrativem Wege verbunden werden.

Solange ihr eurem niederen Ego erlaubt, euer Leben zu bestimmen, können sich diese tiefen Geheimnisse euch nicht eröffnen, denn dann fehlen immer noch Demut, Dankbarkeit, Respekt und Ehrfurcht vor dem großen Wunder, das ihr selbst seid und das ihr miterschaffen habt. Auf Gaia, mit Gaia und in Gaia! Ich als Hüterin Gaias verfügte nicht über ein negatives Ego, denn es gab nichts, was dieses Ich hätte bestimmen können, welches ich nicht zuordnen kann, da ich es nicht habe.

In all meinen energetischen und körperlichen Inkarnation war es für mich klar, dass ich eine Priesterin und Hüterin Gaias bin, dass ich ihr diene und für die gesamte kosmische Schöpfung aus ganzem Herzen, aus ganzer Seele und aus meinem ganzes Sein da bin und mich so an mein Versprechen der liebevollen Verbundenheit und an meinen Auftrag halte. Und das tat ich, mit unendlicher Liebe und Freude.

Von dem Moment an, als die Inkarnation einer Seele auf Gaia die Körperlichkeit einer Frau bedurfte, war es der Auftrag der Priesterin, die spirituell ausgeprägten Seelen zu begleiten und inkarnieren zu lassen. Der manifestierte körperliche Ausdruck einer Priesterin war extrem sensibel und fein und wurde auch von Anfang an so konzipiert und trainiert, denn immer wieder inkarnierten Seelen aus anderen Planetenverbänden und Systemen, die inkarnieren wollten und sollten. Diese Seelen hatten eine feine, hochsensible Schwingung, die natürlicherweise in ihre physische Manifestation eingewoben wurde. Dieses strahlende Licht entwickelte sich dann innerhalb kürzester Zeit in dem ebenfalls hochsensiblen Körper einer Priesterin, die dann in einer leichten und freudvollen Geburt die vollendete Verbindung zwischen dem körperlichen Sein, der Seele, dem spirituellen Selbst und dem Lichtkörper des Neuankömmlings herstellte.

Die jeweilige Hohepriesterin des entsprechenden Kulturkreises wurde darüber in Kenntnis gesetzt und veranlasste dann alles Weitere. Für eine Priesterin war es ein spannendes Ereignis, wenn sie erfuhr, dass sie einer Seele die Möglichkeit der Inkarnation in diese Schöpfung ermöglichen würde, und sie wurde vollständig in die Hintergründe, Motive und Möglichkeiten eingeweiht. Sie wurde für die Empfängnis vorbereitet und hatte ein Mitspracherecht, was den Zeitpunkt, das Geschlecht und den späteren Aufenthaltsort des Kindes betraf. Ebenfalls war es erforderlich, dass sie sich mit der Schwingung und Intention des ankommenden Lichtwesens in vollendeter Harmonie befand, um Leichtigkeit, Freude, Liebe und spirituelles Sein zu gewährleisten. Der Kontakt zwischen dem ankommenden Lichtwesen und der Priesterin wurde in Kontemplation und Meditation hergestellt und laufend aufrechterhalten. Und so war auch ich ausreichend geschult und vorbereitet, um all diese Anforderungen erfüllen zu können.

Es ging dabei nicht um Themen wie eine Mutter-Kind-Beziehung, sondern darum, was diese inkarnierende Seele für die Schöpfung bereithielt, was der Hintergrund der Inkarnation war, wie sie möglichst gut in ihre Körperlichkeit wachsen konnte und wie die Voraussetzungen zu schaffen waren, damit diese Seele ihren Lebensplan für diese eine Inkarnation erfüllen und vollständig leben könne. Als Priesterin war es für mich vollkommen natürlich, diesen wunderbaren, sich entwickelnden und manifestierenden Körper in vollkommener Liebe zu hüten und zu schützen, in Kontakt mit dem spirituellen Selbst dieser Seele zu stehen und alles zu tun, damit der große Schöpfungsplan stattfinden konnte.

War der Zeitpunkt der Geburt gekommen, wurde diese mit Freude und Leichtigkeit erfahren und die endgültige Verbindung zwischen dem körperlichen Selbst und dem spirituellen Selbst durch die anderen Priesterinnen begleitet und mitgetragen. Rituale, die dieser tiefen Verbindung und dem ganzheitlichen Sein auf Gaia förderlich waren, wurden durchgeführt, und so wurde der nun inkarnierten Seele bereits ihre manifestierte Ankunft in dieser Dimension zu einem Erlebnis der Freude und der Glückseligkeit. Der weitere Aufenthaltsort war zu diesem Zeitpunkt bereits beschlossen, und so wurde manches Kind bereits kurz nach der Geburt an die Eltern übergeben. Einige »Kinder« blieben noch längere Zeit im Tempel, und nur ganz wenige dieser Seelen blieben ganz in den Tempeln, um eine entsprechende Ausbildung zu durchlaufen und selbst Priesterin, Lehrerin, Heilerin oder Priester, Lehrer, Heiler Gaias zu werden.

Niemand ging damals oder jemals davon aus, dass Kinder geistige »Idioten« sind, nur weil sie erst einmal lernen müssen, ihren kleinen physischen Körper zu steuern. Diese begrenzte Sichtweise ist ein Bild, das die dunkle Seite verbreitet hat, um die lichtvollen Seelen auf Gaia in Angst,

Mangel und Unsicherheit zu binden. Als Hüterin Gaias und als aufgestiegene Meisterin war ich vollkommen vertraut mit den Mysterien, denn ich hatte sie miterschaffen und vor Verlassen Lemurias mit in den gaianischen Bibliotheken verankert. Ich wusste um die Hintergründe und die Absichten des Dramas, mit dem die dunklen Netze auf Gaia gewoben wurden und welches viele herrschende Menschen immer wieder zur Erhaltung dieser Netze nährten. Ich hatte zu dem Zeitpunkt, als ich bereit war, diesen besonderen Auftrag als Mutter des Yeshua anzunehmen, bereits einige energetische Inkarnationen in dieser Dichte verbracht und diente immer wieder als Kanal und Mitglied der lichtvollen Kräfte und der weißen Schwestern- und Bruderschaft.

Schwangerschaft und Geburt stellten für meine Körperlichkeit keinerlei Risiko dar, und so verbrachte ich eine wunderbare, geschützte Zeit, in der ich mich bereits intensiv mit dem Kind und Meister Yeshua, dessen Körper in meinem Körper heranwuchs, über alles austauschte und laufend aufs Engste mit ihm verbunden war. Ich wusste um seine Ziele, seine Suche und seine Aufgabe, und ich war unendlich glücklich, diese erhabene Seele in die Dichte Gaias bringen und begleiten zu dürfen. Endlich wurde es möglich und durchführbar, einen Sohn der Göttin, einen Meister, in diesen Kulturkreis und durch die Geburt in genau dieses Land zu bringen, das nun schon lange unter der dunklen Macht litt. Wir waren nur wenige Menschen, die um diesen Plan wussten, und wir hofften, ausreichend für Yeshuas Sicherheit und Überleben sorgen zu können.

Die Schicksale der Frauen, mit denen ich sprach, wenn sie in den Tempel kamen, ihre Machtlosigkeit und ihr Leid fügten bereits damals und seit langer Zeit Gaia großen Schaden zu, denn jede dieser Frauen ist eng mit Gaia verbunden, und das Leid der Frauen ist auch Gaias Leid, so wie Gaias Schmerz und Leid auch das Leid der Frauen ist. Die Töchter der Göttin waren in dunkle, grausame Netze eingesponnen worden, und das Geschenk der Göttin, Kinder zu gebären, war durch Gewalt und Qual zu einem missbrauchten Geschenk entartet. Frauen wurden gequält, geschlagen, gesteinigt und zum Austragen der dunklen Saat missbraucht, damit diese sich mehr und mehr ausbreiten konnte.

Bereits zu dieser Zeit konnten wir eine lichtvolle Seele nur noch am Strahlen ihres Lichtkörpers erkennen, an den Farben ihrer Aura, oder uns auf lange, verlässliche Beziehungen und Kontakte verlassen. In jedem Tempel existierten Bereiche, in denen das Licht der Seele erkennbar sein musste, wenn es denn vorhanden war. So sehr auch versucht wurde, das Wirken der Kräfte des Lichts zu infiltrieren und außer Kraft zu setzen – diese Versuche scheiterten, weil niemals alles bekannt sein wird, was wirklich möglich ist und wie die Kräfte des Lichts vorgehen. Also löse dich aus deiner Neugier, denn du wirst immer alles wissen, was du wissen musst und sollst, wenn du dich für die lichtvolle Seite entschieden hast. Denn dann stehst du in einem tiefen Vertrauen und einer tiefen Verbundenheit, und diese ist das Fundament deines Seins.

Für mich war auch das Verlassen des physischen Körpers am Ende einer Inkarnation kein aufregender, sondern eher ein arbeitsreicher Vorgang. Je klarer und reiner der eigene Kanal bis zum höchsten Sein in ständiger Achtsamkeit gehalten wurde, desto leichter war und ist das Verlassen des physischen

Körpers am Ende einer Inkarnation. So war ich durch meine energetischen Inkarnationen in diese Zyklen hineingewachsen und immer wieder führte mich mein Versprechen an Gaia hierher zurück: dass ich immer wieder mit ihr und bei ihr bin, bis sie selbst sich von allen dunklen Kräften reinigen und aufsteigen wird in ihrem ganz eigenen Lichtkörper, in ihrer vollendeten Schönheit und Harmonie.

Und so erwartete ich glücklich und erfüllt die Geburt meines Sohnes, brachte ich doch zum ersten Mal einen Sohn in diese Dichte, einen Sohn der Göttin mit einem großen Auftrag und einer unerschütterlichen Mission und Kraft. Ich war mir vollkommen klar darüber, was für ein Kind ich bekommen würde, und erlebte alles sehr behütet und geschützt. Jedem Menschen, der über etwas Bewusstsein verfügte, war in dieser Zeit klar, dass der Weg Gaias und der der Menschheit so nicht weitergehen konnte, denn Ausbeutung und Missbrauch hatten ein Ausmaß an Unmenschlichkeit erreicht, das du dir heute wohl so gar nicht vorstellen kannst. Der kosmische und auch der karmische Rat hatten gemeinsam beschlossen, dass etwas geschehen müsse. Zu allen Zeiten wurden sicherlich Kinder geboren, doch nur ausgesprochen selten ein Kind mit einer derartig feinen und liebevollen Energie und einem derart außergewöhnlich hohen Bewusstsein. Die Energie, die durch Yeshua verkörpert wurde, bezeichnet ihr vollkommen richtig als göttlich. Sie war und ist durch und durch meisterlich liebevoll und heilend und unerschütterlich in ihrem Sein, egal, in welcher Dimension er sich befindet. Allein die Bereitschaft, sich als Mensch zu verkörpern und sich in die bereits damals ausgeprägte Dichte Gaias und der dunklen Netze zu begeben, war ein reiner Akt der Liebe.

3

Mein Sein als Mutter

Betrachte mich einmal als ganze Frau, als Priesterin, als Mutter, als Freundin, als Heilerin, als Lehrerin und als aufgestiegene Meisterin des ersten Strahls. In deiner Zeit wird sonderbarerweise immer nur mein Mutteraspekt herausgestellt, und ich wurde als niemand anderes gesehen denn als Mutter eines Sohnes, der sich angeblich opfern wollte. Ich bin viele Wege gegangen, habe viele Länder und Kulturen gesehen, und ich selbst habe nie vergessen, wer ich wirklich bin. Eine Frau gebärt ein Kind, und sie ist danach noch immer eine ganze Frau und nicht nur Mutter.

Versetze dich einfach einmal mit all deinem Gefühl, und wenn du darüber verfügst, auch mit deinem Mitgefühl, in die Situation einer Frau und Mutter, die ihren gefolterten und gekreuzigten Sohn ansehen muss. Und wenn du das kannst, dann wirst du verstehen, dass dadurch vieles in mir aktiviert und geweckt wurde. Und wenn ich nun bereit bin, darüber zu sprechen und mich mitzuteilen, dann werde ich genau das mitteilen, was wirklich in mir stattfand. Und nicht das, was von mir »übrig gelassen« wurde als Überlieferung in der Menschheitsgeschichte. Es ist Zeit, das alles nun endlich zu klären, damit es heilen und meine Energie sich vollständig aus der gebannten Darstellung herauslösen kann. Nun kann endlich auch in deiner Dichte wieder der weibliche Aspekt des blauen Strahls bis in die tiefsten Schichten der Menschheit und Gaias wirken, sich entfalten und eine begrenzte und manipulative Darstellung meines Mutteraspektes relativieren.

Du selbst kannst frei entscheiden, ob du dich an einer manipulativen Darstellung meines Selbst orientierst oder ob du bereit bist, dich voller Freude und aus ganzem Herzen mit der weiblichen Kraft des blauen Strahls zu verbinden. Glaubst du wirklich, dass ich Yeshua am Kreuz sah und das als sein »göttliches Schicksal« betrachtet hätte? Prüfe einmal dein Mitgefühl, auch mit mir und mit Yeshua. Und ganz besonders mit seiner Frau, Maria Magdalena, und seinen Kindern. Der Mann, der mein Sohn war, der Mann, der Maria Magdalenas Ehemann war, der Mann, der Vater seiner Kinder war, wurde zutiefst gedemütigt, verhöhnt und gefoltert.

Und vielleicht kannst du spüren, was das in mir ausgelöst hat. Ich war Mensch geworden, Frau geworden, um Teil eines Planes zum Wohle der Menschheit und der ganzen Schöpfung zu sein. Doch in diesem Moment der Qual fühlte ich mich ganz als Mensch, ganz als Frau und Mutter und hatte nicht das Bedürfnis, gelassen und erhaben zu sein. Wogen des Zornes, der Trauer und des Schmerzes rasten durch mein ganzes Sein, und vielleicht kannst du spüren, was heute noch immer in mir vorgeht, wenn ich sehe, dass ihr Menschen genau dieses Folterwerkzeug anbetet und so armselig (arm an Seele) seid, dass ihr eure Unzulänglichkeiten auch noch gnadenlos einem Gefolterten übergeben mögt.

Beschäftige dich einmal mit den verschiedenen Methoden der Folterer und den Auswirkungen einer Folter auf die Gefolterten. Du wirst herausfinden, was auch ich damals unvermeidbar herausfinden musste: wie »ordentlich« und »akribisch« gefoltert wird und wie entsetzlich und lang anhaltend eine derartige Erfahrung ist. Der menschliche Körper ist mit Systemen ausgestattet, die ab einem hohen Schmerzgrad durch die Ausschüttung bestimmter körperlicher Substanzen Visionen auslösen. Folterer wissen um diesen Mechanismus und versuchen, ihn mit ausgefeilten Methoden zu umgehen. Diese spirituellen Visionen und das Eingreifen Maria Magdalenas und Josefs haben Yeshuas Leben gerettet, doch meinen Schmerz nicht gelindert.

Visionen sollten in Liebe, Freude und lebensbejahender Ekstase erschaffen werden, angefüllt mit Liebe und Freude, und das war Yeshua in dieser Situation immer noch möglich. Er löste sich vollkommen aus seinem physischen Körper heraus und trennte sein spirituelles Selbst vollständig ab, doch für die menschlichen Augen blieb das unsichtbar. Prüfe ganz tief in dir, welche Gefühle das alles in dir auslöst und stelle dich ganz dir selbst und deiner eigenen Seele, wenn du dich damit konfrontierst. Hülle dich selbst in die kosmische Liebe ein und wende dich dir selbst vollkommen zu. Solltest du Unsicherheit und Mangel in dir finden, erlaube ihnen, sich aus deinem Lichtkörper zu lösen und Raum für dein strahlendes kosmisches Sein zu schaffen.

Wie Maha Cohan schon sagte: Du kannst immer dich selbst erkennen. Und dann schaue ihn dir liebevoll an, deinen »Schatten«, sofern einer da ist und du es aushalten kannst. Yeshua hat es getan, ich habe es getan, Maria

Magdalena hat es getan und Josef hat es getan. Und in dem Verbund der Meisterinnen und Meister des Lichts haben wir unser strahlendes Sein wiedergefunden. Es konnte heilen in dem Licht und der Liebe, die wir waren und sind, doch wurde der Weg von uns allen nicht vergessen. Es war eine Erfahrung, die uns allen deutlich machte, wo die Menschheit, zumindest dort in Palästina, stand.

Ich war seine Mutter in seiner Inkarnation als Yeshua, und ich war eine Priesterin der Göttin, eine Frau, eine Lehrerin und eine Wissende. Ich war eine Frau, die gern tanzte, lehrte, kontemplativ durch einen Wald ging, sich in Ritualmagie auskannte und gemeinsam mit anderen Frauen kochte, lachte, heilte und philosophierte. Ich war nicht nur eine Mutter, ich war eine ganze Frau. Eine Frau, die für etwas stand, an etwas glaubte und wusste, wer sie in den anderen Dimensionen und in ihrem spirituellsten Sein ist. Und nun versetze dich in diesen Moment hinein, als ich loslief nach Golgatha und dieses grauenvolle Bild sah. Ich wusste, dass die Kreuzigung eine Hinrichtungsart war, ich wusste, das Yeshua gefangen genommen worden war, doch es war etwas völlig anderes, als ich es sah.

Wenn du siehst, wie deinem Sohn oder einem Menschen Nägel durch den Körper getrieben werden, wenn du siehst, wie dein Sohn verhöhnt und verspottet wird, wenn du siehst, wie das Kreuz aufgerichtet wird und du nicht mehr erfassen kannst, was das da auf seinem Kopf ist. Wenn du vollkommen gelähmt bist vor Entsetzen, weil du nicht mehr spüren, nicht mehr verarbeiten kannst, was deine Augen dir zeigen. Resignation, Hoffnungslosigkeit, Fassungslosigkeit breiteten sich in mir aus und nahmen Besitz von allem, was je in meinem Inneren gewesen ist und von dem ich dachte, es würde mich ausmachen. Wenn alles in dir starr und zu Stein wird. Versetze dich da hinein und spüre, was ich gespürt habe, wenn du bereit bist, es zu spüren.

Er hat überlebt und war auch danach weiterhin ein wunderbarer Mann, Vater und Sohn. Er war genau der, der er war, als der er sich selbst erschaffen hatte. Und er vergaß auch im tiefsten Schmerz niemals seinen Auftrag, seine Mission, denn er wollte die Kinder des Lichts und der Göttin erinnern und er liebte die Menschen. Doch Magdalena und ich waren nicht mehr die, die wir vorher waren. Und hätten uns in Frankreich nicht so wunderbare Menschen erwartet, die Priesterinnen und Priester der Göttin, hätten wir nicht annähernd so heilen können, wie es uns in dieser Inkarnation mit Yeshua noch gelang. Dort erwartete uns auch die, die du als Lady Portia kennst, und zwischen ihr und mir wuchs eine tiefe und innige Freundschaft, die uns bis heute in unserer Liebe zu Gaia verbindet. Ich lernte vieles von ihr, von der uns umgebenden Natur, von diesem Teil der Erde, und so lehrte sie auch Magdalena, Elenia und die Kinder Magdalenas und Yeshuas.

Oftmals sehnte ich mich zurück nach Jerusalem und nach dem Tempel, in dem ich viele schöne Jahre verbracht hatte. Und oftmals sehnte ich mich zurück in meine wunderschöne Kindheit. Und so gelang es mir mehr und mehr, den Kindern von einem schönen Teil auch dieser Breiten der Erde zu erzählen und mit Hilfe der schönen Erinnerungen in mir selbst heiler zu werden.

Ich begann in Frankreich, wieder eine ganze Frau zu werden, und all die Frauen und Priesterinnen dort halfen mir dabei. Und sie halfen auch Magdalena, dieser Frau an der Seite meines Sohnes. Dieser jungen und schönen Frau, die niemals aufgab, die oftmals verzweifelt war und doch nie vergaß, warum auch sie gekommen war. Unendlich oft brachte Magdalena Yeshua wieder zurück in die Wirklichkeit Gaias, und unendlich oft trat sie ein für ihre Kinder. Sie war eine ganze Frau, voller Kraft, Spiritualität und Liebe. Sie wurde als Hure dargestellt und so in deiner Dimension ihrer Kraft und Energie beraubt, um auch sie mit solch einer denkwürdigen Überlieferung energetisch zu schwächen und eine dunkle Magie um sie zu weben.

Doch gehen wir noch einmal zurück nach Jerusalem, zu einem vergangenen Zyklus meines damaligen Lebens.

4

Mein Sohn Yeshua

Die Zeit des Austragens war wunderbar, und ich genoss die Tage meines wachsenden Bauches. Ich konnte alles mit ihm besprechen, und da ja auch die Art der Zeugung bereits ungewöhnlich war, selbst für eine Priesterin, war jede Minute mit ihm für mich eine Minute des Lernens und der Erkenntnis. Viele Erinnerungen, die lange zurücklagen und doch noch tief in mir vergraben waren, kamen wieder in mein Bewusstsein, und ich war glücklich, alles mit ihm besprechen und ihn zu allem fragen zu können.

Da er bereits vor der Inkarnation eine erhabene und lichtvolle Wesenheit war, änderte sich dies während der Schwangerschaft und sein ganzes Leben über nicht. Yeshua stand immer lichtvoll in seinem spirituellen Selbst und hatte, wie Magdalena und ich auch, dauerhafte Verbindung zu seinem höchsten Sein. Seine Geburt war leicht und von einer sphärischen Energie durchwirkt, die mich durch diese Erfahrung trug, und von seinem ersten Atemzug an erfüllte er alles mit seinem strahlenden Licht und mit der Freude, die er voller Leichtigkeit zu verbreiten imstande war.

Seine Mission war es, ein wichtiges Zeichen zu setzen und eine neue Zeit in der Entwicklung Gaias und der Menschheit beginnen zu lassen. Er inkarnierte ganz bewusst in einem männlichen Körper, um die Söhne der Göttin zu erinnern und sich auf Gaia wieder ausbreiten zu lassen. Oftmals vergaß ich die Mission, den Auftrag, wenn ich mit meinem Kind beschäftigt war, denn alles, was mit ihm zu tun hatte, wurde in diesem sphärischen Licht, der Energie der Engel, getragen. Diese Stunden voller Leichtigkeit und Freude ließen mich erfahren, wie es ist, eine Mutter zu sein, und so vergaß ich manches Mal, dass es sich bei meinem Sohn um einen ungewöhnlichen Sohn handelte und meine Gefühle und auch mein Handeln wurden mehr und mehr von einer tiefen Liebe zu meinem Kind getragen.

Wir alle erhofften uns von seiner mutigen Mission, dass die auf Gaia verbliebenen Sternenkinder und lichtvollen Seelen durch sein Erscheinen und das Verbreiten der Botschaft wieder an ihre wunderschönen Potenziale erinnert werden würden und verstehen könnten, dass wir alle immer mit ihnen in Kontakt geblieben waren – alle Mitglieder der weißen Schwestern- und Bruderschaft, die Meister und Meisterinnen des Logos. Doch genoss ich manches Mal die kurze Zeit, die ich allein mit ihm verbringen durfte, bevor sein Weg ihn wieder von mir und uns trennte.

Für alle anderen Priesterinnen des Tempels war es auch eine spannende Zeit und sie alle genossen es, ihre Fragen stellen zu können und Antworten zu bekommen, uns in dieser Zeit des Wachstums zu begleiten und alles Belastende von uns fernzuhalten. Ich wusste bereits damals, dass die Zeit der Mutterschaft für mich leicht werden würde, doch würde ich den Tempel nach der Geburt verlassen müssen, um kein unnötiges Aufsehen zu erregen. Für die Pharisäer war es normal, dass eine Priesterin eine Tochter bekam, und sie maßen dem keine große Bedeutung zu; ein Sohn jedoch hätte sie alle sofort auf den Plan gerufen, und so wurde alles vorbereitet, um diesen Sohn als den Sohn eines ganz normalen Ehepaares erscheinen zu lassen, soweit es bei einem derartigen Kind überhaupt möglich war.

Rückwirkend gesehen bin ich erleichtert und glücklich, dass ich nicht ahnte, was mein Sohn, meine Familie und ich alles erleben und durchleben würden, denn dann hätte ich diesem Vorhaben vorher in den Tempeln des Lichts sicherlich nicht zugestimmt. Ich hatte in meinem ganzen Leben ein tiefes Mitgefühl mit den leidenden und gequälten Frauen und auch ich litt mit dem ganzen Universum unter dem Leiden und Sterben der weiblichen Kraft auf Gaia. Und so stand meine Entscheidung, aus dem blauen Strahl heraus zu inkarnieren, um in dieser Mission die Mutter des Yeshua zu werden, für mich unumstößlich fest, und ich stellte mich der Erfahrung der erneuten Menschwerdung als Mädchen, als Frau, als Mutter und abschließend dann als weise Alte. Und so erlebte ich einen ganzen Frauenzyklus, ein ganzes Frauenleben mit allen Freuden und mit vielen Schmerzen. Ich erlebte in meinem ganz eigenen Sein die Demütigungen und Erniedrigungen, die Frauen bis heute zugemutet werden, und erfuhr und erlitt, wie verletzlich und erpressbar eine Frau über ihr Kind und über ihre Hingabe und Liebe zu dieser Schöpfung ist.

All die Erfahrungen und Erinnerungen aus dem Leben als Lady Miriam Merea, die ich durchlebte und die mir den Missbrauch des Weiblichen durch die dunkle Seite bis in mein tiefstes Inneres erfassbar machten und auch mein

Bewusstsein teilweise mit einem dunklen Schleier überzogen, prägten mein damaliges Menschenleben. Aus meiner heutigen Sicht aus dem Tempel des blauen Strahls El Moryas heraus leiten und führen mich diese Erfahrungen. Immer wieder verband ich mich damals mit dem blauen Strahl und somit auch mit der Heimat meiner Seele, um meinen Lichtkörper zu reinigen und zu erneuern. So konnte ich vergeben, doch ich habe nicht vergessen.

Ich durfte viel durch und mit Yeshua lernen, denn er kam direkt aus den Tempeln des Wissens und der Weisheit. Doch dass ich ihm die Erfahrung derartiger Grausamkeiten zugemutet habe durch meine Zustimmung dazu, ihm für diese eine Inkarnation Mutter zu sein, war für mich lange Zeit belastend und lehrte mich menschliche, weibliche, Not. Niemals war mein Sohn Yeshua als ein Geschenk an die Menschheit zu sehen, und niemals hätte ich eines meiner Kinder »verschenkt« oder geopfert. Ein Kind ist der wunderbare körperliche Ausdruck einer Seele, die sich entschieden hat, auf Gaia zu inkarnieren, um etwas zu tun, weiterzugeben oder zu lernen. Es entsteht aus dem mütterlichen Leib und Sein. Bereits während der Entstehung des physischen Seins webt die Seele ihre Schwingung in jede Zelle und durchflutet sie mit ihrem göttlichen Licht, das leider nur allzu leicht während einer Inkarnation mehr und mehr zerstört oder von den niederen Energien zuerst irritiert und dann assimiliert wird.

Yeshua inkarnierte mit einem ganz besonderen Auftrag der großen weißen Schwestern- und Bruderschaft des Lichts und auch mit seiner ganz eigenen Mission aus dem Strahl Sanandas. Mich erfüllt tiefe Trauer und großes Erstaunen darüber, wie wir alle diffamiert, begrenzt und in der nachfolgenden Zeit geradezu als naiv-dümmlich dargestellt wurden und was aus mir, der immerwährenden Priesterin der großen Göttin, Hüterin des blauen Strahls und Meisterin der weißen Schwestern- und Bruderschaft, gemacht wurde. Welch ein trauriges Elemental aus meinem Sein als »Mutter des Yeshua« konstruiert wurde, um eine unglaubliche Lügengeschichte zu erschaffen und diese für die Netze der Dunkelheit zu benutzen.

Dieses Elemental wird bis heute dazu eingesetzt, Menschen voneinander zu trennen, Frauen in die Knechtschaft zu führen, sie darin zu halten und das Licht der freien Spiritualität und des göttlichen Leuchtens zu unterdrücken. Und es wird ihnen vorgegaukelt, dass sie ihre Kinder einer größeren Macht und Sache zu opfern hätten und dass sie bereit sein sollten, die wunderbare Gabe und die Verantwortung der Geburt als würdiges und lichtvolles Tor der Menschwerdung zu entwürdigen.

Viele Kulturen habe ich energetisch aus der Reinheit des blauen Strahls begleitet und in den Tempeln stolzer und liebevoller Frauen und Göttinnen gewirkt, voller Freude, Dankbarkeit und Demut vor der wunderbaren weiblichen Schöpferinnenkraft – in Chaldäa, in Ägypten und abschließend auf Avalon. Niemals habe ich es für möglich gehalten, dass der Mensch Yeshua auf diese Weise dargestellt und angebetet werden würde und dass mein Sein beschränkt werden würde auf einen winzig kleinen Ausschnitt meines ganzen Seins und meines damaligen Lebens, in dem ich zum Wohle und für den Erhalt des Wissens, der Entwicklung der Menschheit und der Schöpfung gedient habe.

Und noch verwunderter bin ich darüber, wie leichtfertig die Frauen ihre unglaubliche Schöpferinnenkraft bis heute zur Verfügung stellen und wie wenig Stolz und Selbstachtung sie besitzen. Sie haben die Kriegerin des Lichts und der Liebe in sich vergessen. Ein Meer aus Tränen aller Mütter, die jemals waren und sind, erfüllte bereits vor 2000 Jahren das Universum, und der Schmerz all der verratenen und missbrauchten Mütter ist vollkommen identisch mit dem tiefsten Schmerz Gaias. Ob du hinschauen willst oder nicht, überlasse ich dir, denn du hast einen freien Willen und kannst ganz allein über dein Sein entscheiden. Doch der tiefe Schmerz Gaias ist unser aller kosmischer Schmerz. Dieser Schmerz ist zurückgekehrt und hat uns durch das ganze Universum hindurch erreicht.

Wir alle haben Gaia ein Versprechen gegeben, welches einzulösen wir gekommen sind. Die Kinder des Lichts, die Sternenkinder von Atlantis und der lemurianische Code werden aktiviert. Die Kinder der neuen Zeit, der neuen Energie, die die Kreise schließen und sich erinnern. Die sich selbst vertrauen und dem, was sie wahrnehmen. Für all das war ich damals inkarniert, waren Josef, Elenia, Magdalena und Yeshua inkarniert. Entscheide du dich ganz klar, wo du stehst, und nehme deine Handlungen oder Nicht-Handlungen ganz allein auf dich, denn Yeshua Sananda und ich werden sie dir nicht abnehmen können. Dir ist ein freier Wille gegeben worden, und somit kannst du dich entscheiden, ob du leidest, ob du freudvoll bist, ob du handelst oder wie du dein jeweiliges Leben gestalten möchtest.

Yeshua würde, wenn er dir deine Selbstermächtigung und somit dein eigenes göttliches Sein abnehmen würde, gegen alles verstoßen, was der Menschheit je gegeben wurde, und so sagte er bereits damals: »Deine größte Sünde ist, unbewusst zu bleiben.« Doch werden Sananda, Maria Magdalena und ich dir voller Liebe und Freude zur Seite stehen, wenn du es wünschst. Schau du dahin, wo du stehst, weine deine Tränen und lasse sie einfließen in dieses unendliche Meer der Tränen, und dann schau, ob du dich neu definieren möchtest und ob du etwas von dem Mut und der Liebe hast, die wir hatten und haben. Wenn du dich entschieden hast für das Licht, die Wahrheit und die Liebe, dann reiche ich dir gern die Hand aus dem blauen Strahl El Moryas heraus, mit weiblicher Klarheit und Entscheidungskraft, voller Frieden und Liebe.

Das Elemental, das aus meinem Sein erschaffen wurde, interessiert mich nicht, und ich überlasse es deinem freien Willen, wie du damit verfährst. Es bindet die Kraft des Weiblichen, dazu wurde es erschaffen, und leitet diese Kraft in die entsprechenden Kanäle, die diese Kraft für sich zu nutzen wissen.

Hältst du es für richtig, deine weibliche Kraft so benutzen zu lassen, dann tue es. Dann fütterst und nährst du dieses Elemental mit deiner Energie und gehst darin auf. Das Licht deiner Seele wird dann ein Teil des dunklen Netzes werden. Dann lies bitte nicht weiter, alles Weitere könnte dich nur beunruhigen und wissend werden lassen.

Auf die weiblichen Rituale mit der Kraft der Göttin werde ich später eingehen und versuchen, sie dir und euch wieder nahezubringen, denn ihr tragt eine große Verantwortung in eurem eigentlichen göttlichen Sein für die ganze Schöpfung. Ich wusste, das Yeshua als großer Menschheitslehrer inkarnieren würde, der die Seelen, die zu den Kräften des Lichts gehören, daran erinnern wollte, dass sie nicht verlassen und vergessen sind und dass er dazu beitragen wollte und sollte, die Menschheit zu erleuchten und sie mit Frieden, Wissen und Liebe zu erfüllen und energetisch anzuheben. Und dass er als Sohn der Göttin gekommen war, der er auch heute noch ist. Die energetische Veränderung durch Yeshuas Erscheinen aktivierte bereits damals in den lemurianischen Seelen den entsprechenden Schlüssel, und so war es für diese wunderbaren Seelen wie ein Erwachen, ohne dass sie ihn sehen oder mit ihm sprechen mussten.

Im Lichtnetz Gaias ist alles gespeichert und so können von dort aus entsprechende Aktivierungen erfolgen, die die Energien anheben und verändern.

Inwieweit Jeshua und Magdalena ihr Auftrag, ihre Mission, trotz ihres teilweise grausamen Weges, der ihnen durch andere Menschen zugefügt wurde, gelungen ist, werden sie alleine entscheiden und auch bewerten. Ich selbst gönnte mir zwei Jahre nach Yeshuas Geburt noch eine Tochter, die mir dann mein ganzes Leben als Miriam Merea, als Mutter des Yeshua von Nazareth, eine große Freude und Hilfe war. Ich nannte sie Elenia.

Ich wusste von Anfang an, dass Yeshuas Weg ein Weg war, der stark von Schulung und Ausbildung geprägt sein würde und dass er bereits als kleiner Junge die weisen Lehrer treffen würde, die ihn in den alten Überlieferungen und Traditionen unterrichten und ihm helfen würden, sich zu erinnern, wer er war und ist. Und dass er immer wieder zu seinem höchsten Sein, zu Sananda, reisen würde, um sich das Lernen, das menschliche Sein und die Integration zu erleichtern. Genauso, wie es auch für mich stattgefunden hatte, war es auch für ihn vorgesehen, oder er selbst hatte alles Nötige dazu veranlasst und alle Beteiligten über sein Kommen informiert.

Er war aus menschlicher Sicht ein Schamane, der in der Lage war, sich aus sich selbst heraus zu erschaffen und zu zeugen und die Dimensionen zu wechseln, bevor er sich verkörperte. Er hatte selbst alle Beteiligten auf ihre Aufgaben vorbereitet und alles Notwendige veranlasst, um seine Botschaft in deine Dimension und somit in die Menschheit zu bringen. Während seiner ersten Jahre blieb nichts dem Zufall überlassen, und auch meine Entscheidung, dann noch eine Tochter zu bekommen, die natürlich auch eine gute Schulung erhielt, aber doch in einer engeren Beziehung zu mir stand, hatte ich gründlich abgesprochen.

Seine ersten Jahre verliefen vollkommen planmäßig, und jeder Moment mit meinen Kindern war ein wunderbarer Moment. Ich durchlebte zum ersten Mal bewusst die Zyklen der Mutterschaft, und meine Kinder hielten, wie es alle liebenden Mütter kennen, unendlich viele Lehren für mich bereit. Als eine Priesterin in einem Tempel bekleidete ich sicherlich eine respekt- und anspruchsvolle Position, doch war all das nicht annähernd so eine Herausforderung wie die Begleitung dieser beiden Kinder.

Ich lernte Respekt und Achtung vor jeder Frau, die Kinder gebar und diese voller Liebe führte und begleitete. Ich stand in vielen Zyklen meines lichtvollen Seins im Planetenverbund immer wieder für die große Göttin, die vollendete Weiblichkeit, doch genau diese Inkarnation als Miriam Merea war für mich eine der lehrreichsten.

Jeder Moment, den ich mit meinen Kindern verbrachte, war für mich eine Herausforderung und ein wunderbares Erleben und Wachsen. Ich hatte in all den Phasen, die ich bereits auf der Venus, auf Aldebaran oder in den gaianischen Tempeln verbracht hatte, viele große und herausragende Menschheitslehrerinnen und -lehrer in ihrem jeweiligen Zyklus kennengelernt, doch wurden meine Kinder meine intensivsten und liebevollsten Lehrer, die ich im menschlichen Sein erfuhr. Sie lehrten mich tiefste Unsicherheit und Zweifel, sie lehrten mich Angst und Furcht, und dann lehrte mich Yeshua die vollkommene Ohnmacht vor der Kraft seines eigenen Willens, seines entfalteten Potenzials. Je älter Yeshua wurde, desto mehr zeigte sich deutlich seine absolute Klarheit, sein großes Verantwortungsbewusstsein für seinen selbst gewählten Weg, sein Durchhaltevermögen, seine Präsenz und ruhige Durchsetzungskraft.

Für Elenia, die weiterhin eng mit mir verbunden blieb, taten sich ganz andere Wege auf, denn Elenia stand frühzeitig im Lichte der Göttin und entwickelte sich zu einer begnadeten Heilerin für alle Geschöpfe und Wesenheiten Gaias. Yeshua stand zwar auf seine ganz eigene Art mit allem, was ist, in Verbindung, doch Elenia war auf ihre ganz eigene Art mit allem, was ist, verbunden. Sie spürte Schmerz und Leid eines Tieres oder einer Pflanze über große Entfernungen hinweg und war immer bemüht und beschäftigt, sich all dieser Wesenheiten anzunehmen, ihnen zu helfen und sie zu heilen. Sie war voller Freude und zutiefst erfüllt davon, den kleineren Kindern zu zeigen, wenn es einem Tier, einer Pflanze oder einem Baum nicht gut ging. Sie sprach mit allen Geschöpfen, träumte mit ihnen, lachte und weinte mit ihnen.

Yeshua wuchs in all seiner Stärke heran, und Elenia wurde mit den Jahren immer stiller, wenn er kam. Schnell galt sie in vielen Bereichen ihres Lebensraumes als die seltsame Schwester des wissenden Yeshua, doch zwischen ihr und mir war ein tiefes Band der Vertrautheit und der spirituellen Verbundenheit entstanden. Und immer wieder war ich unendlich dankbar, dass die Meisterinnenseele, die Elenia war, ihren Weg zu mir gefunden hatte.

Ein Leben zwischen einem Mann und einem Sohn war für mich eine sehr ungewöhnliche Art zu leben, und das Rollenspiel einer Ehefrau und Mutter verlangte mir oftmals wirklich alles ab. Unendlich oft quälten mich tiefste Zweifel darüber, ob meine Zustimmung zu dem Projekt der Inkarnation Yeshuas richtig gewesen sei, und unendlich oft haderte ich mit meinem Schicksal und mit meinem Leben als Miriam Merea, der Mutter des Jesus von Nazareth. Doch die große Göttin wäre nicht die, die sie ist, wenn sie nicht auch für mich ein wunderbares Geschenk bereit gehabt hätte – und dieses Geschenk war Elenia.

Begegnete ich Yeshua in meiner Verantwortung als seine Mutter, so begegnete ich Elenia in meiner Liebe als Mutter. Auch sie war mir angekündigt worden, und ich wurde auch auf ihr Kommen vorbereitet. Auf mir ganz vertrauten Wegen, getragen vom Feenreich und von der Erde selbst, von Gaia. Verbunden durch ein tiefes Band, das seit Beginn auf Lemuria und Mu zwischen uns beiden bestand und sich niemals ganz gelöst hatte, weil wir das beide nicht gewollt hatten. Sie war die Tochter, die mir damals auf Mu durch die Machthaber von Atlantis genommen worden war – ein Ereignis, das für mich zu einer konsequenten Trennung von bestimmten Bereichen geführt hatte. Und ein Ereignis und ein Eingriff, der in mir einen tiefen Vertrauensbruch ausgelöst hatte, der niemals heilen wollte, sollte und konnte.

Ich hatte mir damals, als ich als lemurianische Priesterin auf Mu tätig war, geschworen, das niemals zu vergessen, und mich dann vollkommen von den entsprechenden Kräften und den kosmischen Verstrickungen, die das alles ermöglicht hatten, abgewandt. Es war ein Ereignis, das mir klar machte, dass Mutterliebe etwas ist, was nicht verstanden oder nachempfunden werden kann von jemandem, der es selbst nicht kennt oder niemals gekannt hat. Ich begann damals auf Mu, Gaia und die auf Mu lebenden Menschen zu verstehen und aus ganzem Herzen zu lieben. Bis heute.

Und waren meine Ehe mit Josef und die Geburt des Yeshua sozusagen ein göttlicher Plan, so war mein Leben mit Elenia, meiner Tochter, weder ein Plan noch ein Auftrag. Als Tochter, Priesterin, Teil und Herz der Göttin hatte ich ganz aus meinem Herzen und aus meiner Sehnsucht entschieden; das war für mich die erfüllendste Entscheidung in dem Leben als Miriam Merea. Verantwortung und Auftrag, Pflicht und Durchhalten, für den Sohn und später für seine Familie. Doch mein Herz und meine Liebe, der Einklang meiner Seele, war mein Leben mit und durch Elenia.

So hatte ich bereits auf Atlantis gelernt, »göttlichen Plänen« und »göttlichen Aufträgen« gegenüber vorsichtig und misstrauisch zu sein, und war in meiner Liebe zu

Gaia und ihrer wunderbaren Schöpfung schon zu der Zeit in meine absolute Selbstermächtigung und Eigenverantwortung gegangen. Auch damals schon war ich immer verbunden mit dem blauen Strahl, in dessen Licht ich auf Lemuria angekommen war. Mit Menschheitsentwicklung verbundene Zyklen sind wechselhaft, unterliegen dem Zeitgeist und meistens männlichen Machthabern. Doch das Herz und die Liebe der Göttin sind stabil und verlässlich, solange ich die Liebe der Göttin in mir und um mich herum spüren kann und in ihr bin, kann alles andere mir nichts anhaben. Und ging ich auch viele Wege vollkommen allein, mit Gaia und im Lichte der Göttin, so war ich niemals wirklich allein.

Die Frau, die weibliche Seele, die Tochter der Göttin, die sich auf Gaia allein fühlt, ist nicht mit der Göttin verbunden. Die Göttin ist immer um dich herum, in unendlich vielen Formen und im Ausdruck unendlich vieler Dimensionen, die von Wesenheiten der verschiedensten Arten bewohnt werden. Bewegst du dich innerhalb der gaianischen Dimensionen, so begegnen dir die Bewohner der Anderswelt: Feen, Elfen, Einhörner, Drachen und viele andere Wesenheiten und Seinsformen. Eines haben diese Wesenheiten alle gemeinsam, egal von welcher Dimension du berührt und getragen wirst: Sie erkennen sofort in dir die Priesterin, die Tochter der Göttin, und damit bist du sicher und angenommen, wirst geliebt und gehalten. Im Herzen und aus dem Herzen der Göttin kann dir nichts anderes in den verschiedenen Reichen Gaias begegnen, denn Gaia und die Göttin sind eins, verbunden und verwoben im kosmischen Licht.

Mit diesem Wissen, das ich bis heute gemeinsam mit Lady Portia hüte, stehst du immer, egal wo du bist, im Lichte der Göttin. Verbinde dich mit deinem ganzen Sein mit den lichtvollen Kräften, lasse deine Liebe für diese Schöpfung in all ihren Farben und Formen, verbunden mit dem Licht der Erzengel, durch deinen ganzen Lichtkörper strahlen, bis in die Tiefen Gaias, und werde aus ganzem Herzen ein Teil der Schöpfung. Dann steige hinauf in der gaianischen Aura und sinke bis tief hinunter in das gaianische Zentrum. Du wirst alles finden, was du suchst und was dir fehlt, und dein eigenes, strahlendes Licht wird die dunklen Netze auflösen. So lehrte mich Elenia, die alte Vertrautheit und Liebe zu der Göttin auch als Ehefrau und Mutter zu leben und in ihr zu sein. Und so lehrte mich mein Sohn Yeshua, wie diese unendliche Liebe und Güte des Göttlichen sich in einem Sohn entfaltet, der genau das wieder in diese Schöpfung bringen wollte, mit all seiner Kraft und seinem ganzen Wirken und Sein.

5

Meine Ehe mit Josef

Bereits vor der Inkarnation des Yeshua war ein Mann ausgewählt worden, der mich und mein Kind als Ehemann begleiten sollte. Er war ein Mann, der genauso wie ich in den Mysterienschulen vieles gelernt hatte und in einem anderen Tempel ständigen Dienst am Göttlichen versah. Es ging bei dieser Eheschließung nicht darum, dass wir einander zugetan sein sollten oder Ähnliches. Er stand genauso wie ich im göttlichen Plan der lichtvollen Kräfte, und jemand musste diese Rolle des Vaters und Ehemannes übernehmen, damit unser Sohn für die Menschen um uns herum einen normalen gesellschaftlichen Rahmen bekam. Mir selbst hat die Beziehung zu einem Mann nichts bedeutet, mein Leben, mein Herz und meine Freude waren mit und in der Göttin, seit aller Zeit und bis heute. Doch hat sich der Mann, der mich in der Inkarnation als Mutter des Yeshua begleitet hat, als ein wirklich wunderbarer Vater und Partner gezeigt, durch den ich vieles über das Wesen des Männlichen lernen und besser verstehen durfte.

Zu der Zeit, als die Mission Yeshuas stattfand, war das dunkle Netz aktiver und stärker, als es für dich und euch heute ist, und die Situation der Frauen und der Schöpfung war einfach nur grauenvoll. So kam es zu dem Beschluss des kosmischen Rates, einen Sohn der Göttin als ersten Sohn der Göttin, also ausgestattet mit einer unendlichen Liebesfähigkeit für die ganze Schöpfung, die Gaia ist, in diese Dichte inkarnieren zu lassen. Er trug das Gen für die tiefe Liebe, die sich zwischen den Töchtern der Göttin und den Söhnen der Göttin erfüllen und ausbreiten sollte, damit die Göttin selbst und Gaia endlich heilen konnten. Seine tiefe Liebe, die sich nun in den Söhnen der Göttin ausgebreitet hat, zeichnet sich aus durch ein unendliches Mitgefühl für die ganze Schöpfung und alles lebendige Sein, durch Gnade, Barmherzigkeit und durch Heilung für alle, die ihrer bedürfen – egal, ob Mensch oder Tier, ob Pflanze oder Erdteil.

Seine hohe und lichtvolle Energie sollte sich ausbreiten unter den Menschen, damit kraftvolle und liebevolle Töchter und Söhne der Göttin sie und Gaia auf ihrem Weg und ihrem Aufstieg begleiten und für sie einstehen. Und es ist wunderschön, dass es gelungen ist. Damals musste eine Mutter gefunden werden, die in der Lage war, eine derart sensible und hohe Energie in ihrem Körper zu beherbergen und sich in die menschliche Form entwickeln zu lassen. Da ich in diesem Bereich durch viele Inkarnationen in verschiedenen Teilen des Universums geübt und trainiert war und selbst über eine sehr hohe Schwingung verfügte, fiel diese Wahl auf mich. Es ging dabei niemals darum, dass Josef und ich uns im menschlichen Sinne besonders zugetan sein sollten, es ging lediglich um die Durchführung dieses Planes, zu dessen Teil ich auf diese Weise wurde.

Ich wusste und ahnte nicht im Entferntesten, was mich in einer menschlichen Ehe erwarten würde und was eine dauerhafte Mutterschaft für viele Jahre mit sich bringen würde. Doch es gab keine andere Möglichkeit, um die notwendigen Veränderungen herbeizuführen, und so stimmte ich dem Plan zu. Ich ahnte nicht, dass die Menschheit nicht bereit sein würde, mich aus dieser »Rolle« zu entlassen und mir eine derart belastende Verbindung als »Mutter Maria« durch rituelle Magie mit der Menschheit bevorstand, die nun endlich in dieser Zeit des wachsenden Lichts ihr Ende findet. Jetzt endlich, nach all dieser Zeit, werde ich wieder vollständig zu der, die ich wirklich bin in meinem ganzheitlichen Sein, und löse mich endgültig von dem Elemental, das aus niederen Motiven von mir erschaffen wurde. Ich kehre zurück in mein ganzes Sein, um meiner geliebten Gaia beizustehen bei dem, was jetzt kommt und bereits begonnen hat. Ich bin, wer ich bin, ganzheitlich, sicher und stabil, in meinem ganzen Sein. In meinem Licht und aus meiner spirituellen Heimat heraus kann ich nun für jene da sein und denen beistehen, für die ich damals bereits inkarniert war: für die Sternenkinder, die lemurianischen weisen Seelen, die die heilenden Codes tragen. Für die, die Yeshua meinte, als er sagte: Selig sind die Friedfertigen, denn ihnen wird die Erde gehören.

Damals fand die Eheschließung zwischen Josef und mir in einem kleinen, feierlichen Rahmen statt. Mit Freuden verzichteten wir beide auf jedweden körperlichen Kontakt und hielten uns klar an die Formalitäten, die erforderlich waren, um den Schein zu wahren. All diese Zeremonien hatten für uns beide eine ganz besondere Wertigkeit, wir achteten einander sehr und begegneten uns mit dem nötigen Respekt. Ich fühlte mich aufgrund der bevorstehenden Ereignisse auf eine ganz besondere Art und Weise mit Josef verbunden, und so begann eine tiefe und innige Freundschaft, die mir mit der Zeit immer wertvoller und wichtiger wurde.

Dass wir beide das eigene Leben in den Dienst einer höheren Sache stellten, verband uns, und dieses Band war ein starkes Band. Wir standen beide für etwas ein, das von großer Bedeutung war und der Geheimhaltung und umsichtiger Sicherheitsvorkehrungen bedurfte. Josef wusste nicht viel über mich persönlich, und es wäre auch nicht wichtig gewesen. Denn in dem Leben als Miriam Merea ging es nicht um meine persönlichen Gefühle oder um menschliche Bedürfnisse und Wünsche.

So begab ich mich in mein Leben an die Seite eines Mannes, der sich weder für mich persönlich noch für meine tiefen Gefühle interessierte. Das war manchmal angenehm für mich, denn er stellte keine Fragen, doch manchmal war es traurig für mich, und ich fühlte mich unendlich verlassen und allein. Dann spürte ich diese tiefe Sehnsucht nach meiner spirituellen Heimat, die in diesen Momenten so weit von meinem Leben entfernt zu sein schien, und fiel in die menschliche Illusion der Getrenntheit.

Sofort legte sich ein dunkles Netz um mich, das gleiche dunkle Netz, das sich ständig und überall um alle möglichen Menschen und insbesondere Frauen legt, die schon seit langer Zeit in ihm gefangen waren. Doch mir fiel es leicht, das alles durch Aktivierung eines Schlüssels in meinem Lichtkörper aufzulösen, der mich sofort wieder mit höher schwingenden Energien verband.

Wir sahen beide in diesem Handeln und Sein die Chance auf Heilung und Entwicklung für die Menschheit, die durch Genmanipulation und lebensverachtende Restriktiven ganz in der Dunkelheit zu versinken drohte. Und wir hofften, dass durch Yeshuas Eingreifen und Sein die Entwicklung einer ganzen Menschheit hin zu Frieden, Achtung, Freiheit und Liebe möglich werden könnte. Zu diesem Zeitpunkt war ich mir noch nicht darüber im Klaren, wie sehr ich den Tempel der Isis und die anderen Priesterinnen vermissen würde, sondern war ganz konzentriert auf all das, was ich zu tun hatte und was mich erwartete. Allein die »Zeugung« meines Sohnes hielt für mich viele spannende Erfahrungen bereit, und so durfte ich all denen wieder begegnen, an die ich mich noch aus der lemurianischen Zeit und aus den Tempeln des Lichts erinnerte und mit denen ich in meinen Meditationen und Seelenreisen immer verbunden war und bin, und viele Kreise schlossen sich für mich.

Dadurch wurde ich immer klarer in meinem neuen Sein und widmete mich immer mehr allen Details, die mit der »Zeugung« dieses besonderen Kindes zusammenhingen. Da ich die ganze Zeit trotz Eheschließung immer noch die meiste Zeit im Tempel verbrachte, fiel es mir sehr leicht, in einem ständigen Kontakt zu sein und in meine bevorstehende Aufgabe hineinzuwachsen. Durch all diese Maßnahmen blieb den Augen und Spitzeln der dunklen Seite alles verborgen, was dann geschah, und mein Kind konnte sich in aller Ruhe entwickeln und geboren werden.

Seine Geburt war leicht, was einfach daran lag, dass er sie mir so leicht wie möglich machte. Mein Körper war durch die Rituale gut trainiert und jeder Muskel unterlag meiner vollständigen Kontrolle. Yeshua konnte seinen physischen Körper vollständig an die Gegebenheiten anpassen, und so war seine Geburt körperlich nichts Aufregendes. Doch natürlich war sie für alle Eingeweihten ein wunderbares Ereignis, denn der erste Schritt seiner Manifestation als Mensch war getan. Er war, wie ich bereits schilderte, ein wunderbares Kind von einer außergewöhnlichen Ausstrahlung und Schönheit. Ich zog nun endgültig aus dem Tempel der Isis in ein kleines, unauffälliges Haus und versuchte, mich in einem »normalen« Frauenleben einzuleben. Ständig bemühte ich mich, mich dem allgemein geltenden Bild einer demütigen und eingeschüchterten Frau anzupassen und bei meinen Einkäufen und den täglichen Arbeiten, die außerhalb des Hauses stattfanden, nicht aufzufallen. Es war wirklich grauenvoll, aus dem Haus zu treten und so zu tun, als würde ich nichts verstehen oder könne keine Zusammenhänge erfassen. Da ich mit Josef eine absolut gleichwertige Beziehung führte, konnten wir uns beide auch kaum gemeinsam in der Öffentlichkeit sehen lassen. Auch er hätte wegen seines höflichen und liebevollen Verhaltens mir gegenüber sofort mit Reaktionen und Provokationen rechnen müssen.

So nahmen wir ganz bewusst in Kauf, nicht wir selbst sein zu dürfen und unsere Liebe, unsere Verbundenheit und unser Wissen im vollkommen Verborgenen zu leben. Eine menschliche Gesellschaft, die ein derartiges Rollenverhalten für normal erklärt und für die Basis und Säule ihres Seins hält, kann keine gute und sinnvolle menschliche oder kosmische Gemeinschaft sein. Und die gab es damals wirklich nicht: Gewalt war an der Tagesordnung, ebenso wie der Machtmissbrauch durch die jeweiligen Machthaber. Das Recht des Stärkeren oder des Kältesten behielt die Oberhand, und wer am geschicktesten mit den Ängsten der Menschen spielte, hatte sie in der Hand.

In der Nachbarschaft lebte meine wunderbare Freundin, und so trafen wir beide uns oft und gingen unsere Wege gemeinsam. Sie hatte ein Leben außerhalb des Tempels gewählt, und so konnten wir uns gegenseitig wegen der schrecklichen Situationen für die Frauen trösten. Sie stand mir oftmals bei und sprach mit mir, und es gab viele Stunden und Tage, wo ich meine Entscheidung, die Mutter des Yeshua, dieses wissenden Lehrers und Lichtbringers zu sein, zutiefst bereut habe. Nur aufgrund meiner sehr guten Ausbildung konnte ich diesen Auftrag ausführen und mich vollkommen auf das wunderbare Gefühl der Mutterliebe für meinen Sohn einlassen. Diese Mutterliebe war immer da, egal wann, egal, wo wir waren und egal, was geschah.

Gefühlen des Zweifels und der Angst begegnete ich mit den erlernten Ritualen und konnte sie so in kürzester Zeit von mir fort und aus meinem Sein bringen, bevor sie die Möglichkeit fanden, meine Liebe zu vergiften. Die Restriktionen gegen Frauen waren streng, und so konnte ich mich in manchen Zeiten nur nachts im Schutze der Dunkelheit in den Tempel schleichen, meistens zusammen mit meinem Kind, das auch den Aufenthalt in einem Isis-Tempel als einen gewohnten Teil seines Lebens ansah. Josef blieb zu Hause für den Fall, dass jemand nach uns fragen und uns suchen würde, und drohte von irgendwo her Gefahr, sandte er mir oder Yeshua sofort einen entsprechenden Impuls.

Ich genoss die Zeit mit dem ganz kleinen Yeshua sehr, und schnell nahte das Alter, ab dem er unsere kleine Familie verlassen und in die Mysterienschulen gehen würde. Schnell und intensiv lernte er, diesen kleinen Körper zu steuern und zu verstehen, und so lachten wir oft gemeinsam über diese

Erfahrungen, die er nun als Menschenkind machte. Mein ganzer Tag war ausgefüllt davon, ihn zu lehren und ihm zu helfen. Bei einem Kind wie Yeshua war das durch und durch eine Zeit der Freude. Viele Lichtwesen, die von den anderen Menschen nicht wahrgenommen werden konnten, waren ständig in seiner und unserer Nähe, und so hatte ich niemals das Gefühl, allein und verlassen zu sein. Und auch Gaia selbst war voller Freude über die Ankunft dieser erhabenen Seele, sah doch auch sie in seinem Erscheinen einen Weg für eine harmonische Zukunft mit der Menschheit und ihre Heilung im kosmischen Aufstieg und Gefüge.

Verließ Yeshua an meiner Hand unser Haus, begann die Freude, sich um ihn herum auszubreiten, und Mitgeschöpfe aller Art fühlten sich von ihm magisch angezogen. Es war uns immer bekannt, dass die meisten von uns eine besondere Beziehung zu den Mitgeschöpfen hatten, und immer hatte jede ihre ganz eigene Affinität zu einer Art. Bei Yeshua gab es keine Grenzen, es waren nie nur die Hunde, die Katzen oder die Vögel – alle Tiere und auch fast alle Menschen fühlten sich von ihm angezogen und wollten gern in seiner Nähe sein. Dass die Tiere aller Art in seiner Nähe überraschend friedlich miteinander waren und ein Vogel neben einer Katze sein konnte, ohne dass es Streit gab, machte uns manchmal das Leben etwas schwerer. Denn so erregte er natürlich von Anfang an ziemlich viel Aufsehen, und alle Menschen, die wussten, wer er war, bemühten sich gemeinsam mit uns sehr darum, ihn nicht zu sehr einzuschränken und auch nicht zu sehr aufzufallen.

So kam dann auch sehr schnell die Zeit, zu der seine Ausbildung begann, und jeden Morgen holte ihn ein Freund ab, um in den Tempel zu gehen. Es fiel mir einerseits ebenso schwer, ihn gehen zu lassen, wie es jeder normalen Mutter schwerfällt, doch manches Mal genoss ich auch den Weg zum Markt ohne all das Achtgeben und die ständige Wachsamkeit. Ich wusste viel über das, was noch auf mich zukommen würde, doch ahnte ich nichts davon, welche Grausamkeiten meinen Sohn und uns noch treffen würden. Auch er hat zwar vieles sehr frühzeitig wahrgenommen und verblüffte uns oftmals mit seinen ausgeprägten Fähigkeiten, doch mit dem, was dann wirklich geschah, hat auch er nicht gerechnet.

Die Tage allein in dem Haus und einem »normalen« Frauenleben ohne ihn waren für mich kaum auszuhalten, und ich sehnte mich aus ganzem Herzen nach den Tempeln der Isis und den anderen Priesterinnen. So kam ich dann auf den Gedanken, noch eine Tochter zu gebären, und zwei Jahre nach Yeshuas Geburt schenkte ich meiner Tochter Elenia das Leben. Mir wurde erst später in meinem menschlichen Leben als Miriam Merea klar, dass Elenia sich mir geschenkt hatte und direkt aus meiner spirituellen Heimat den Weg zu mir nahm, um ein stabiles Band zwischen meinem menschlichen und meinem meisterlichen Sein zu sein. Elenia teilte mein Leben mit mir, und waren beide Kinder im Haus, war es voller Sonne und Freude. Sie verstanden sich wunderbar, und gemeinsam mit beiden Kindern, oder auch nur mit Elenia, besuchte ich oftmals meine Freundin, die mir stets eine wunderbare Lebensbegleiterin und Vertraute war.

Auch meine Freundin Sarah hatte eine tiefe und innige Beziehung zur Göttin, hatte sich aber in diesem Leben für ein »normales« Frauenleben entschieden und war auch bereits verheiratet. Sie hatte mir während all der Zeit der Vorbereitung beigestanden, und nun, als »normale« Hausfrau, Ehefrau und Mutter war ich unendlich glücklich über jeden Moment, den ich mit ihr und den Kindern verbringen konnte. Sie gebar eine Tochter, die sie Maria Magdalena nannte, und zwischen meinen Kindern und ihrer Tochter entstand eine tiefe Freundschaft und eine wunderbare Beziehung. Besonders Yeshua und Magdalena waren einander von Anfang an sehr zugetan, was wir auf die entsprechenden Gene des Sananda zurückführten. Es war eine tiefe, spirituelle Beziehung, die in einem harmonischen Kontext und Einklang stattfand; dieses tiefe Band konnte nicht zerstört oder gestört werden. Erstaunlicherweise gab es deswegen zwischen Elenia und Magdalena keinerlei Eifersüchteleien oder Schwierigkeiten, wie sie ansonsten als normal angesehen werden. Ihre Beziehung zueinander blieb immer sehr liebevoll, und es war für sie vollkommen natürlich, füreinander da und miteinander zu sein.

Wir waren sehr glücklich darüber, zeigten uns doch unsere wunderbaren Kinder jeden Tag aufs Neue, dass es möglich war, in vollkommener Eintracht und Liebe miteinander zu sein, und so lernten wir sehr viel von ihnen und durch sie und kamen der Liebe der Göttin durch sie wieder um vieles näher. Sie erinnerten uns tagtäglich daran, wie es ist, wenn bereits die Kinder wissen, wer sie sind, es wissen dürfen und auch sein dürfen, wer sie sind. Die Tiefe, die von diesen Kindern ausging, ihre innige Verbundenheit zu den spirituellen Reichen, ihre Nachdenklichkeit und ihre Weisheit bereicherten jeden Tag, und jede Minute, und jedes Gespräch zwischen ihnen und mit ihnen war für uns alle sehr kostbar. Natürlich erlebte ich auch die tiefsten Zweifel, wenn es einem der Kinder nicht gut ging, und besonders die Begleitung Yeshuas war für mich eine große Herausforderung. Oftmals war er längere Zeit fort, um seine Ausbildung an anderen Orten fortzusetzen, und jedes Mal, wenn er wiederkam, war er ein anderer als beim Abschied. Ich lernte schnell, dass es für mich sinnlos war, sich auf Yeshua einstellen zu wollen oder näher mit ihm verbunden zu sein, denn seine planmäßig verlaufende Ausbildung und Entwicklung ließ ihn mir bei jedem Wiedersehen auch fremd erscheinen.

In den Zeiten, als ihm unendliches Leid zugefügt wurde von all denen, denen er seine Liebe hatte zuteil werden lassen, habe ich oftmals bereut, ihn geboren zu haben. Und doch wusste ich in den Tiefen meiner Seele, dass ich als Frau nur der Körper war, der ihm eine Körperlichkeit ermöglicht hatte, und dass wir beide vollkommen autonome Menschen waren, die sich nicht miteinander verstricken sollten. Hätte ich auch nur annähernd geahnt, was sein Weg in mir als Mensch auslösen würde und wie schmerzhaft dieser Weg für ihn werden könnte, hätte ich vielleicht all dem nicht zugestimmt, denn auch ich hatte nicht mit derartigen Grausamkeiten und Herausforderungen gerechnet. Dieser tiefe Zorn und diese tiefe Ohnmacht haben sich als menschliche Erfahrung zutiefst in meinem Lichtkörper verankert und ließen mich in meinem menschlichen Sein als Miriam Merea zwar noch vieles lernen, doch niemals vergessen. All die Zeit in friedlichen Bereichen des Universums hatten mich vergessen lassen, wozu Menschen auf Gaia fähig waren, und so habe ich es auch wieder losgelassen, denn eine Wiederholung ist nicht möglich.

6

Die Kinder

Es war damals bereits seit langer Zeit so, dass die Mädchen außerhalb der Tempel sehr streng und durch Angst und Drohungen erzogen wurden. Den Jungen wurde Gewalt und Aggressionsbereitschaft vermittelt,; waren sie von ihrem natürlichen Wesen her nicht gewaltbereit, so hatte das System sich Wege und Möglichkeiten erschaffen, das Licht der Seele zu zerstören und Gewalt zu implantieren. Mädchen hatten demütig und ängstlich zu sein; sie trugen tief in sich bereits all die Verletzungen und den Schmerz, der ihnen von Geburt an ein Gefühl der Minderwertigkeit vermittelte. Ihre Mütter, Großmütter und Ahninnen hatten alle sehr viel erlitten, und die Grausamkeit dem Weiblichen gegenüber hatte sich wie eine dunkle Seuche ausgebreitet. Nur noch in den Tempeln der Isis wurde das Paradies der Göttin in Erinnerung gehalten und das Wissen um die alten Mysterien weitergegeben, und so blieb uns nichts anderes übrig, als unsere Töchter in einer »doppelten Erziehung« aufwachsen zu lassen. Der Isiskult, dieses kosmische Mysterium, war weitestgehend zerstört worden, und nur wenige in den Tempeln waren noch tief damit verbunden. Auch diese Hüterinnen wurden von den lichtvollen Kräften geschützt, denn sie hielten die Verbindungen, die sie aus ihren Herzen heraus liebten und spürten, in Klarheit und Reinheit.

Mit ihnen gemeinsam lehrten wir Magdalena und Elenia das alte und wunderbare Wissen um die Göttin, den Isiskult, die Kräfte der Elemente, der Schöpfung und des Universums. Wir weihten sie ein in unser Wissen und mussten ihnen gleichzeitig dazu für die Außenwelt und ihre Rolle in dieser Welt ein demütiges und angstvolles Verhalten beibringen. So lernten die Mädchen von Anfang an, sich der Außenwelt gegenüber demütig und unterwürfig zu verhalten und in ihren Herzen das alte Wissen und den Stolz einer Göttin zu bewahren. Beide Mädchen waren bereits seit vielen Inkarnationen mit diesen Themen vertraut, und so fiel es ihnen relativ leicht, sich in dieses »Doppelleben« hineinzufinden und hineinzuwachsen.

Für mich selbst war es ein Weg, der mir oftmals vieles, wenn nicht alles, abverlangte. Ich verbrachte die meiste Zeit in meinen Gedanken bei den Kindern, verbunden mit den Kräften des Lichts, und konnte auf diese Art und Weise, aufgrund meiner hohen Wahrnehmungsfähigkeit und der Anker innerhalb meines Lichtkörpers, auch vieles energetisch steuern.

Die spirituellen Gaben waren für mich und meine Familie nichts Ungewöhnliches. Wir wussten, dass es die ganz natürlichen Talente und Anlagen des entwickelten Menschseins waren, und so nahm auch mein Ehemann ohne jedes Gespräch immer wahr, wo meine Gedanken gerade hingewandert waren, oder wann und ob ich mit meinen spirituellen Kontakten verbunden war. Medialität, Hellsichtigkeit, Hellhörigkeit und all die anderen sogenannten Talente gehörten für die Töchter und Söhne der Göttin einfach zu ihrem Alltag, das Unterscheidungsvermögen wurde trainiert und eingeübt, damit es nicht aus selbstsüchtigen oder lieblosen Motiven eingesetzt wurde. Unsere Kinder waren natürlicherweise ausreichend mit diesen Talenten gesegnet, doch bereits zu der Zeit mussten diese Talente in unserem Kulturkreis im Verborgenen gehalten werden, da die Machthaber sie als bedrohlich für sich betrachteten, was sie für entsprechende Machthaber auch waren und sind.

So waren die Gespräche und unsere Zusammentreffen, wenn auch Yeshua zu Hause war, voller Freude, Wachstum und wunderschöner Erinnerungen, und Yeshua brachte vieles von dem, was er in der Mysterienschule lernte, mit ein. Bereits für die Kinder war es vollkommen natürlich, sich darüber auszutauschen, wie jedes einzelne von ihnen diese Schöpfung wahrnimmt. Und so ging es sehr viel darum, in einer ständigen spirituellen Verbundenheit zu bleiben, die unterschiedliche Wahrnehmungsfähigkeit zu verstehen, auf diesem Wege die eigene Individualität zu finden, sich von den anderen unterscheiden zu können und doch zu wissen, dass alles, was ist, der Ausdruck des lebendig Göttlichen ist. So waren meinem Sohn Yeshua Aggression, Mangel und Gewaltbereitschaft vollkommen fremd, weil er sich genauso frei davon erschaffen hatte, um seine Ziele erreichen zu können.

Yeshua zeichnete sich frühzeitig aus durch eine ausgeprägte Intelligenz, seine stabile Anbindung und ein wunderbares Gedächtnis, das auf seine Anbindung zurückzuführen war. Und eben durch diese unendliche Liebe, die einfach so aus ihm herausströmte und alles klärte, reinigte und heilte, was in seine Nähe kam.

Durch seine Erziehung und Ausbildung an den Orten der Eingeweihten bekam alles, was er an Talenten mitbrachte, eine für ihn in deiner Dimension nutzbare Grundlage. So setzte er sich auch bereits sehr früh mit der Manifestation bestimmter Dinge aus reiner Materie auseinander und übte bereits als kleiner Junge diese Manifestationen, weil er aus ganzem Herzen gern jedem Menschen alle Wünsche erfüllen wollte. Es war für ihn nicht nachvollziehbar oder erfassbar, dass es nicht immer sinnvoll ist, jedem Menschen alle Wünsche zu erfüllen.

In seinem Wesen und in seiner Wahrnehmung gab es keine Grenzen und kein Schwarz-Weiß. Er war durch und durch zutiefst verbunden mit dem göttlichen Prinzip, Gutes, Freude, Heilung und Wachstum weiterzugeben, damit es sich in der Menschheit ausbreiten möge.

Manches Mal gelang auch Jeshua die Manifestation nicht gleich, und so vergaß auch er selbst niemals, dass diese Art von Magie nur möglich und vertretbar ist, wenn Herz und Geist vollkommen in einer göttlichen und somit spirituellen Harmonie miteinander schwingen. Energie so zu binden, dass es zu einer Manifestation kommt, ist für einen inkarnierten Menschen eine große Herausforderung, denn die energetischen Netze auf Gaia waren bereits zu dieser Zeit sehr eng gewoben. Sie sind für das normale menschliche Auge nicht sichtbar, und doch sind sie da und entfalten ihre destruktive Wirkung. Yeshua setzte sich frühzeitig damit auseinander, die energetischen Netze aufzulösen, bis ihm genug freie Energie zur Verfügung stand, um aus dieser wieder gebundene Materie zu erschaffen. Körperlich wuchs er heran wie jedes normale Kind, wie jeder normale Junge, und von anderen Jungen unterschied ihn seine starke und ausgeprägte Selbstheilungskraft, deren Basis diese kosmische Liebe ist, die er zu bringen gekommen war.

Da er bereits sehr frühzeitig in den Bereichen des alten Wissens, der kosmischen Regeln und Verbindungen und der Anpassung seiner spirituellen Talente ausgebildet wurde, war er oftmals fern von mir und von seiner menschlichen Familie. Er bereiste verschiedene Orte der Erde, lernte in anderen Ländern und hielt sich sehr frühzeitig überwiegend bei seinen Lehrern auf. In all den späteren Jahren habe ich oftmals darüber nachgedacht, ob es richtig war, ihn diesen Weg gehen zu lassen, und ob ich als seine Mutter nicht dafür hätte sorgen sollen, dass er besser geschützt wäre oder sich besser hätte schützen können. Ich erinnerte mich wohl an den kosmischen Plan, doch war die Situation in der Dichte Gaias ganz anders, als ich erwartet hatte.

Ich hatte meine Kraft als Mutter und meine Möglichkeiten anderen in die Hände gegeben, weil ich der Überzeugung war, einem größeren Plan zu dienen. Erst die Zukunft, eure Zukunft und die Zukunft Gaias wird zeigen, ob diese Überzeugung richtig war oder ob ich mich, gemeinsam mit der weißen Schwestern- und Bruderschaft, geirrt habe. Das betrifft nur mich, denn ich bin eine Hüterin Gaias; in Yeshuas Sein ist ein Irrtum nicht möglich gewesen und alles war richtig, wie es war. Ich hatte mich von ihm überzeugen lassen, der einen größeren Plan verfolgte, aus Liebe zur Menschheit und zur menschlichen Rasse. Und ich habe mich zur Verfügung gestellt, meinen von der Göttin in mir geschaffenen Körper, um ihm die Möglichkeit der Menschwerdung zu geben. Ich habe mein ganzes damaliges Leben für diesen Auftrag und für diese Überzeugung gegeben.

Ich war noch jung, als ich dann letztendlich die Entscheidung traf, und so konnte ich zwar vieles wissen, doch welche Wege alles nehmen würde, ahnte auch ich nicht. Ich bin meinem Herzen und meiner Liebe gefolgt, meiner Liebe zu Lemuria und zu dem ursprünglichen kosmischen Sein. Und so wurde mir im Laufe meines Lebens damals klar, dass sich Lemuria und die alten Verbindungen direkt unter meinen Füßen befanden und immer noch befinden, und dass jede Entwicklung auf Gaia direkt mit ihr und durch sie verbunden sein sollte, denn in Gaia selbst ist alles gespeichert. Und genau das war es auch, woran Yeshua erinnern wollte, was er den Menschen mitteilen wollte. Das war und ist seine Botschaft.

Denn eine Entwicklung, die nur in einem Teil von mir stattfand, war keine Entwicklung im ganzheitlichen Sinne. Ich bin in meinem Sein verwoben mit Gaia, mit der Erde selbst. Die Erinnerungen an mein Sein in Gaia setzten sich frei mit meinem erneuten Sein in Gaia und in meinem Lichtkörper. Die Schlüssel und Speicherungen innerhalb meines Lichtkörpers öffneten sich, je nach Situation, in der ich mich befand, oder je nach den Speicherungen innerhalb der Erde, auf der ich stand. Immer, wenn ein Schlüssel ein passendes Schloss findet, geht eine Tür auf. So ist es mit Wissen, und so ist es mit Erinnerungen.

An das kosmische Prinzip erinnerte ich mich erst wieder vollständig, als wir auf unserer Flucht in Frankreich ankamen und ich dort die weisen Priesterinnen und Priester und die Schöpfung selbst wiederfand und doch erstmals kennenlernte. Und mit der Zeit eine immer tiefere Liebe und Verbindung zu ihnen und wieder zu Gaia selbst bekam. Ein isoliertes Leben ist ein verlorenes Leben, denn wenn du Gaia nicht spürst, den Wind nicht in deinen Haaren und den Regen nicht auf deiner Haut, dann wirst du nie richtig wissen und fühlen, was Spirit ist. Und du wirst nicht herausfinden, welche Schätze an Erinnerungen und Wissen Gaia selbst birgt und für dich bereithält.

Dann kannst du den Satz »Wie oben, so unten; wie innen, so außen« nicht verstehen, denn das strahlende, lichtvolle Schöpferinnenprinzip verwirklicht sich überall, in allen Dimensionen. Und somit auch direkt vor dir, über dir, hinter dir und unter dir.

Es ist mir niemals leichtgefallen, hinter einem Mann zurückzutreten und ihm das Wort, den Raum und den Ort zu überlassen. Als die, die ich wirklich bin, war es für mich eine Herausforderung und erforderte ständige menschliche und meisterliche Selbstbeherrschung und eine immer wieder aktivierte Gelassenheit, um in der menschlichen Gesellschaft nicht aufzufallen und keine Reaktionen zu provozieren, die alles zerstört hätten.

Ich hatte ein menschliches Leben als Frau in einer bestimmten Kultur und zu einer bestimmten Zeit angetreten, in Jerusalem. Für mich als Meisterin und vollkommen freie und entfaltete Göttin eine unfassbare Situation, durch die mir mein erhöhtes Bewusstsein, mein Wissen und meine Verbundenheit hindurchhalfen. Die Steuerung meines wissenden Seins trug mich durch all diese Zeit und durch das Leben damals, ein Leben voller menschlicher Erfahrungen, die mich das menschliche Leid lehrten und auch die Bereitschaft der Menschheit, mit dem Leiden in ständiger Resonanz zu schwingen und so bereitwillig das Potenzial des Leidens zu nähren.

All das durfte ich dann wieder lernen und erfahren, und so war das ganze Drama, das damals stattfand, am Ende meines damaligen Lebens meine größte Erkenntnis, meine Erlösung, und vielleicht sogar meine Erleuchtung.

7

Hinrichtungen und Rituale

In diesem Kapitel möchte ich dir gern etwas über die Gewalt und Gewaltbereitschaft der menschlichen Rasse erzählen. In vielen Völkern dieser Erde war und ist es eine bewährte Methode, zur Abschreckung von Feinden den Körper oder Körperteile des getöteten Gegners zur Schau zu stellen. Das sind ganz alte, archaische Rituale, die die Präsenz des jeweiligen Machthabers ausdrücken und allen Durchreisenden, Zuschauern oder Angreifern deutlich zeigen sollen, wie in der jeweiligen Kultur mit freien oder andersdenkenden Menschen verfahren wird. Betrittst du einen Ort oder reist du in ein anderes Land, entsteht der erste Eindruck durch all die Dinge, die dein Auge erreichen.

Viele Kulturen zeichnen sich seit Jahrtausenden dadurch aus, dass sie dem menschlichen Auge Skulpturen und Bauwerke voller Schönheit darbieten, damit des Menschen Seele sich erfreuen und öffnen mag. Andere wiederum senden Botschaften, die die Bereitschaft zu töten und zu foltern, Bedrohung, Gefahr und Leid ausdrücken. Wenn ich mich in der heutigen Zeit umschaue und sehe, dass der, der vor 2000 Jahren als mein Sohn inkarnierte, um Liebe und Wissen in der Menschheit zu verbreiten, auf diese Weise dargestellt wird, dann ist das für mich ein entsetzliches und abschreckendes Bildnis. Und es zeigt mir klar und deutlich, dass er entweder nicht verstanden worden ist, denn ansonsten würden alle Menschen voller Freude mit in seinem Lichte stehen; oder dass die Menschen es genauso haben wollten – dann liegt die Ursache vielleicht in der mangelnden Bereitschaft zur eigenen Entwicklung mit einem fehlendem Verständnis für die persönliche Selbstermächtigung. Das vermag ich nicht einzuschätzen.

Die Resonanzregeln der Mutter Erde und des Universums sind ein verlässliches Prinzip, das seine Wirkung entfaltet. Entwicklung findet immer statt, auf allen Ebenen des Seins. Die Weigerung oder die Ablehnung des eigenen spirituellen Seins und der eigenen spirituellen Entwicklung zu den eigenen spirituellen Begabungen als Teil eines kosmischen Gefüges wirkt sich hemmend, hinderlich und störend aus. Das große kosmische Orchester der Planeten spielt die Schöpfungsmelodie weiter und weiter und ist ein wichtiger Teil der Entfaltung des menschlichen Bewusstseins. Ignoranz wird das Orchester nicht verstummen lassen, und mangelnde Bereitschaft auch nicht. Und so wird die Entwicklung und Entfaltung in keiner Weise durch diese Denkweisen behindert, doch könnte sie an dem einen oder anderen Menschen vorbeigehen.

Mein Entsetzen über all diese Dinge findet keine menschlichen Worte, doch werde ich euch das weibliche Göttliche wiederbringen, das euch genommen wurde. Und sicherlich wird eine Zeit kommen, in der Yeshua, den du heute als Sananda kennst, in seiner ganzen strahlenden Kraft bei euch sein wird. Seine unendliche Liebe, Güte und Weisheit werden wirken zur Heilung Gaias und der Menschheit – für die, die bereit sind. Die durch Rituale geteilte Energie wird wieder zu einer Einheit, einer stabilen und klaren Energie, die durch die Auraschichten Gaias wirken und sich entfalten kann. Je mehr und je weiter die alten Verletzungen heilen und die dunklen Netze aufgelöst werden durch das Licht und die Farben der Sternenkinder, der Mitglieder des solaren Logos und der lichtvollen Kräfte, um in Resonanz zu treten mit den lichtvollen Ankern Gaias, desto klarer und kraftvoller werden die Energien.

Stelle dir einmal vor, dass du ein Bild anschaust, auf dem eine Mutter mit ihrem kleinen Kind im Arm gezeigt wird. Dieses Bild wird in dir durch die Reflektion ein Gefühl von Liebe und Geborgenheit entstehen lassen. Ein Gefühl, nach dem sich jeder Mensch und jedes Geschöpf sehnt, solange es sich selbst als getrennt empfindet. Teile deines Lichtkörpers aktivieren und öffnen sich, und deine Liebe und deine Sehnsucht streben zu diesem Bildnis.

Als Nächstes wird dir vielleicht noch ein Bild präsentiert, auf dem die Heiligen Drei Könige vor einer Krippe stehen, und ein Teil der Schönheit dieser Darstellung liegt in der Anwesenheit von Ochse und Esel. Denn es sind aussagekräftige Symbole der großen Göttin, der alten Verbindung zwischen Gaia und Menschen, die für Schutz, Kraft, und Verlässlichkeit stehen. Als Nächstes wiederum siehst du ein Bild, auf dem eine Familie auf der Flucht ist, dann siehst du ein Bild einer geselligen »Männerrunde« (das Letzte Abendmahl) und dann die Dornenkrönung des Ganzen, Yeshua am Kreuz. Dünn, ausgemergelt, gefoltert, gequält und angeblich tot. Und ich als seine Mutter, ich als Tochter der Göttin, die ich immer war und bin, werde dargestellt als handlungsunfähige und lebensuntüchtige Frau. Als ewig leidende Mutter, die ihren Sohn vermisst, sich niemals davon erholt hat und sich dann von den angeblichen Propheten und Jüngern hat hofieren lassen.

Es ist unfassbar, was da geschieht, und ich frage dich, wie ich eine derartige Flucht bewältigt haben soll, wie ich ein derartiges Kind hätte in diese Welt bringen sollen, woher ich die Kraft und den Mut hätte nehmen sollen, das alles zu tun, wenn ich wirklich die gewesen wäre, als die ich dargestellt werde? Ich wurde geführt, ebenso wie Josef, und wir waren ständig verbunden mit den lichtvollen Ebenen. Ich wusste sehr genau, wo unser Weg hinführte, und meine eigene Lehrzeit im Tempel hatte mich auch Kampftechniken und Durchsetzungsvermögen gelehrt. Ich war gut vorbereitet worden, war stark und kraftvoll, denn mein Körper hatte vieles zu leisten und zu halten. Und sah ich mein Kind bedroht, war ich jederzeit sofort bereit, zu reagieren.

Wäre es nicht Yeshuas Wille und Plan gewesen, seinen Weg genauso zu gehen, hätte ich vieles aus meiner Kraft und meiner Macht heraus geändert oder verhindert. Es waren immer seine Worte, die mich machtlos machten und die mich lehrten, ihn zeitweilig auf seinem Weg zu begleiten, doch sofort zurückzutreten, wenn er mir das Signal dafür gab. Und ich frage dich, wie du blind, taub und stumm akzeptieren kannst, was dir da vorgesetzt wird, und nun denke nach über den Satz: er machte die Blinden sehend, die Lahmen gehend. Wach auf und öffne deine Augen! Warum werden Menschen, die lange vor deiner Zeit gelebt und versucht haben, die Liebe der großen Göttin wieder in dieser Schöpfung zu verankern, so dargestellt? Wer hat einen Vorteil davon, das zu tun, und was beabsichtigen die, die das tun, mit einer solchen Darstellung? Warum diese bösartigen Verleumdungen, warum diese dunklen Netze? Ich sage dir als ewige Hüterin der Göttin: Das ist Bannmagie, das ist schwarze Magie. Und jedes Mal, wenn du ihn oder mich so anbetest, wie wir dargestellt werden, aktivierst du diese schwarze Magie. Und du, erinnere dich: An deinen Taten wirst du gemessen werden!

Und so höre auf, blind und taub zu sein, denn darauf machte er aufmerksam, darauf machten wir alle aufmerksam. Es ist dein freier Wille, deine ganz persönliche Entscheidung, ob du diese Bannmagie nährst und ein Teil von ihr bist, oder ob du dich in deine ganz eigene Verantwortung und damit auch in deine ganz eigene Lebenskraft begibst. Und weil er nicht aufhören konnte, darauf aufmerksam zu machen, und weil er diese Menschheit und diese Schöpfung liebte, war er überzeugt davon, den Menschen etwas Wunderbares vermitteln zu können. Er hat an die Menschheit geglaubt und tut es noch, er selbst ist die personifizierte göttliche Liebe, und ihr betet ihn als am Kreuz hängend an und füttert damit bei jedem Gebet diese Magie.

Steht auf und erlöst dieses grauenvolle Symbol, dieses schwarze Netz, und erlaubt ihm, auch für euch zu sein, wer er wirklich ist und war. Und erlöse mich, und damit dich, als gebundenes Potenzial in deinem Inneren für dich in dieser Dimension, in der du bist, von dieser furchtbaren Darstellung des Marienkultes. Töchter und Söhne der Göttin beten mit weit geöffneten Armen, strahlenden und freudvollen Gesichtern, gerade und stolz stehend. Stolze und glückliche Frauen, die voller Dankbarkeit, Liebe und Freude ihre Kinder auf ihrem Weg in das Leben, in diese wunderbare Schöpfung begleiten, die ihre Kinder schützen und lieben, das sind die Töchter der Göttin.

Und so war und bin ich eine stolze, freie und selbstständige aufgestiegene Meisterin und stand als stolze und wissende Frau in jeder kosmischen Inkarnation neben meinem jeweiligen männlichen Partner. Immer vertraut und verbunden mit dem Gesetz Gaias, immer vertraut und verbunden mit der großen Schöpfergöttin. Immer voller Respekt, Demut und Achtung vor dem Ausdruck des Göttlichen in allem, was ist. Und voll tiefen Schmerzes und tiefer Trauer, wenn ich mich mit deiner Dimension verbinde, über dunkle und zerstörerische Kräfte, die diese Magie über meinen Sohn, seine Frau, seine Familie und mich gelegt haben. Menschwerdung ist der Weg der Seele, um die Erfahrungen zu machen, die sie machen will. Um Menschen zu erreichen, ist die Menschwerdung noch immer notwendig, der Weg in die dritte Dimension. Jede Seele hat ihre ganz eigene Geschichte und ihre ganz eigenen Gründe, warum sie den Weg der Menschwerdung wählt, und viele wunderbare spirituelle Lehrer und Boten des Kosmos sind als Menschen, in menschlicher Gestalt, auf Gaia gewandelt. Doch sie können nicht gesehen werden von denen, die das Licht der Seele nicht sehen können oder wollen.

8

Die Zeit um die Kreuzigung

Unsere Kinder Yeshua, Elenia und Magdalena waren erwachsen geworden, erwachsen im menschlichen und körperlichen Sinne, und sie waren zutiefst miteinander verbunden. Sie waren beieinander, und durch Yeshuas Wege auch oft wieder voneinander getrennt. Meine Tochter Elenia blieb in unserem Haus und in meiner Nähe. Oftmals hatte ich mit ihr darüber gesprochen, ob ihr Weg eher der Weg einer Priesterin im Tempel wäre, doch Elenia selbst lehnte das immer wieder ab. Sie war sehr zufrieden mit ihrem Leben, sie fühlte sich im vertrauten Kreis wohl und geborgen. Sie liebte die Gespräche mit ihrem Bruder auch als erwachsene Frau noch, und sie lehrte und heilte, wo immer sie konnte, und es gab viele Menschen, die zu ihr kamen mit ihren Sorgen und in ihrer Not. Auch waren die Kräuter, die Bäume und die Tiere für sie sehr wichtig, und so war sie am glücklichsten, wenn sie sich gemeinsam mit dem einen oder anderen Tier in der Natur aufhielt, entdeckte und lernte. Ihre Verbindungen zu den Reichen der Anderswelten waren auch für uns ungewohnt intensiv und erstaunlich, und so tat sie viel Gutes für die Schöpfung um sich herum, und sicherlich auch noch viel mehr, als wir damals überhaupt ermessen konnten. Die spirituellen Talente waren bei ihr ungewohnt ausgeprägt, und ich schaute ihr manchmal zu, wenn sie ganz allein durch die Natur ging und doch nie allein war. Die Feen, die Hüterinnen Gaias, hielten ihre Hände über sie, und so sah ich in Elenia zu meiner Freude die weibliche Verkörperung einer Priesterin der Erde selbst.

Alle meine Zweifel und meine Ängste verflogen, wenn ich mit Elenia sprach oder mit ihr zusammen die Wege ging, die sie einschlug. Elenia entdeckte im Pflanzenreich vieles wieder, das ihr aus früheren Inkarnationen bekannt war. Pflanzen, die sie noch nicht kannte, lernte sie voller Hingabe und Liebe kennen. An manchen Tagen sah sie einer kleinen Blume den ganzen Tag zu und studierte ihre Reaktionen auf den Lauf der Sonne; auch die verschiedenen Mondzyklen und ihre Auswirkungen auf das Pflanzenreich beobachtete sie voller Freude. Sie vermittelte mir bereits eine Ahnung, einen Hauch von dem, was ich später alles noch erleben und wieder erlernen sollte, als wir nach langer Reise in Frankreich eingetroffen waren.

Yeshua und Magdalena gingen ganz klar den ihnen vorgegebenen Weg, und so wurde Magdalena eine wunderbare Mutter, Lehrerin und Priesterin, ganz in ihrem Auftrag für ihre Kinder. Und genau wie Yeshua versuchte sie unermüdlich, die Menschen in ihrem Umfeld an all das zu erinnern, was sie vergessen und verloren glaubten, und brachte sich mehr und mehr ein. Ich war oftmals mit eingebunden in diese Bereiche, und so sorgte Elenia für alles, was zu tun war und sah sich die Dinge immer so weit an, wie sie sie für sich annehmen und umsetzen konnte und wollte. Sie beschäftigte sich viel mit den Kindern und erklärte und zeigte ihnen die Natur um sie herum. Sie brachte ihnen die direkte Schöpfung nahe.

In den Tagen der Kreuzigung hatten Elenia und ich versucht, die Familie soweit es uns möglich war, weiterhin zu versorgen. Mein Sohn war verhaftet worden, und niemand wusste etwas darüber, wo er genau war und was mit ihm geschah. Wir waren wie gelähmt vor Angst und Sorge, und Magdalena versuchte alles, was sie irgend konnte, um einen Zugang zu Yeshua zu finden. Als uns allen klar wurde, dass wir auch auf telepathischem Wege keinen Kontakt mehr zu ihm herstellen konnten, waren wir tief erschüttert und entsetzt. Josef und Magdalena waren außer Haus, und Elenia und ich bemühten uns, irgendwie den Alltag zu meistern. Eine tiefe Starre und eine fast tödliche Lähmung hatte von uns Besitz ergriffen, und so war uns klar, dass etwas Schreckliches geschah.

Es war sinnlos, den Kindern oder den Tieren noch Gelassenheit vermitteln zu wollen, denn auch sie alle spürten dieses blanke Entsetzen, diese tödliche Kälte und Grausamkeit, die von dem Ort der Folter und des Leidens ausging. Für mich war es immer belastend und grausam gewesen, in einer Zeit zu leben, in der Hinrichtungen und Folter verbreitet waren, aber es war mir bis zu diesem Tag gelungen, mich vor diesen grauenvollen Energien zu schützen. Doch nun erreichten sie uns mit ihrer ganzen Wucht. Josef versuchte, Elenia und mich so gut es ging (und sicherlich auch, wie er es für uns für zumutbar hielt), über die Gerüchte, die er gehört hatte; zu informieren. Immer, wenn es ihm möglich war, kam er kurz zu uns nach Hause. Elenia und ich standen fassungslos vor all dem, was bereits für unsere Abreise vorbereitet war, und das schreckliche Gefühl, dass der Termin für die geplante Abreise bereits zu spät gewesen sein könnte, nahm sich immer mehr Raum. Yeshua hatte noch einmal das Haus verlassen, um sich von seinen Freunden zu verabschieden; meine Versuche, ihn davon abzuhalten, hatte er ignoriert.

Wir schliefen nicht und wir aßen nicht, und wenn die Kinder und die Tiere versorgt waren, saßen wir dicht beieinander und hielten uns an den Händen. Wir beteten leise und inbrünstig für unsere Familie und ganz besonders für Yeshua. Nach zwei endlosen Tagen rief mir ein vorbeilaufender Nachbar zu, dass auf Golgatha eine Kreuzigung stattfinden würde, es sei wohl mein Sohn, den die Soldaten dort hinrichten würden. Es traf mich wie ein Schlag, und ich erstarrte. Und dann lief ich los. Irgendwie erreichte ich diesen schrecklichen Ort und sah meinen Sohn, oder das, was noch von ihm übrig war. Blutend, gequält, gefoltert, verhöhnt, verlacht. Ich stand hinter all den Menschen, die sich sensationsgierig dieses grauenvolle Schauspiel ansahen. Hinter all den Menschen, für die er Liebe und Heilung, Wissen und Worte hatte. Und ich sah ihre Köpfe und dieses Bild, und ich konnte nicht einmal mehr weinen oder schreien, denn mir wurde schlagartig alles klar.

Es stand in mir, wie mit großen Lettern geschrieben. Es stand in meinem ganzen Inneren, mit einer derartigen Klarheit und Gnadenlosigkeit, als ich auf ihre Hinterköpfe schaute und meinen Sohn sah, wie er sich den Berg hinaufschleppte. Und tief in mir breitete sich das Gefühl aus, dass alles umsonst gewesen war und die Menschen sein Opfer nicht verdient hatten. Alles, was ich erhofft hatte, und alles, woran ich geglaubt hatte, war schlagartig gelöscht in mir. Und in meinem Inneren nahm sich die Eiseskälte Raum, fror den unerträglichen Schmerz ein, der sich vor Überwältigung nicht lösen konnte. Er hatte keinen Ausdruck, keine Worte. Ich sah hoch über Golgatha ein großes Licht leuchten und betete, dass Yeshua von dort aus Hilfe bekommen würde und ihn jemand von diesen Qualen, dieser Demütigung, diesem Pöbel, erlösen würde. Dann verlor ich das Bewusstsein.

Dieser Schmerz, dieses unendliche Entsetzen, ließ mich lange Zeit starr bleiben und alles Weitere wie in einer Trance erleben. Ich konnte keine Verbindung mehr aufnehmen und nicht mehr reagieren. Mein ganzer Lebensmut, meine Freude, meine tiefe Liebe zu meiner Familie und besonders zu meinen Kindern und meine Liebe zum kosmisch Göttlichen waren fort. Nicht mehr spürbar, nicht mehr erreichbar. Ich selbst war nicht mehr erreichbar, ich selbst war geflohen aus meinem menschlichen Sein und vollkommen überwältigt vom Schmerz. Alles, was dann geschah, waren lange Zeit nur Fetzen irgendwo in meinen Erinnerungen. Etwas tauchte auf und verschwand gleich wieder. Ich sah den Körper meines Sohnes dort liegen, eingewickelt in Tücher, und die vertraute Stimme von Magdalena flüsterte mir zu, dass er lebe und dass er überleben würde. Die wunderbaren und sorgenvollen Blicke der Kinder, von Elenia, Magdalena und Josef und all die Liebe, die sie auch für mich noch in dieser grauenvollen Situation hatten, fanden Raum in mir. Diese Situation führte dazu, dass ich jeden göttlichen Plan in Zweifel zog und mich von allem löste und abwandte, was mich je gelehrt worden war und an was ich je geglaubt hatte.

Yeshua überlebte, zumindest körperlich, diese Folter und seine vermeintliche Hinrichtung. Und durch den unermüdlichen Einsatz seiner Frau Magdalena und seines Vaters konnte schließlich die vorbereitete Flucht stattfinden. Yeshua war weiterhin derart von seiner Idee, seiner Ideologie, überzeugt, dass er alles Geschehene als einen natürlichen Teil seines Seins begriff und für sich verarbeitete. Und dass er nie wieder derselbe war wie vor dieser Folter, hinderte ihn nicht daran, an seinem Auftrag und seiner unendlichen Liebe festzuhalten. Und so war seine Seele, sein Licht, oftmals weit fort von uns allen. Ich war froh darüber, denn so hatte ich wenigstens etwas Hoffnung, dass sein Licht in einer anderen Dimension in Sicherheit war und dort Heilung geschehen konnte. Uns alle hatte das Erlebnis sehr verändert, und gerade für uns Frauen stellte sich nun die Frage der Mutterschaft aus einer ganz anderen Perspektive, und wir kamen mit der Zeit zu einer vollkommen veränderten Sichtweise.

Mir gelang es erst auf dem Schiff, das uns nach Frankreich brachte, wieder mehr zu mir selbst zu kommen, und ich konzentrierte mich mit all meiner Liebe auf Elenia und die Kinder Magdalenas. Magdalena, Elenia und ich begannen, ein festes Band zu knüpfen, denn diese grauenvolle Tat hatte uns gezeigt und gelehrt, dass wir Frauen eine starke Kriegerin in uns brauchen und es unendlich viel Mut, Kraft und Unabhängigkeit erfordert, unseren ganz eigenen menschlichen Weg zu gehen, für uns selbst und für unsere Kinder, und besonders für unsere Töchter. Yeshua erholte sich auf dem Schiff mehr und mehr und sprach viel mit seinem Vater und den anderen Männern. Ich konnte lange nicht mit ihm sprechen, denn in mir war zu vieles zerrissen und zersprungen. Die Frage, ob es das alles wert war, hätte ich ihm und auch mir zu der Zeit noch nicht stellen und schon gar nicht beantworten können.

Durch die Gespräche mit Magdalena und Elenia kehrten meine Erinnerungen zurück, und ich erfuhr, was Magdalena geleistet hatte, damit Yeshua überleben konnte. Auch sie konnte nicht sagen, ob sie das alles aus Liebe zu Yeshua oder aus Überzeugung von ihrer Mission, ihrem Auftrag bewältigt hatte. Doch war das zu der Zeit auch nicht wichtig für sie, denn sie widmete sich ganz ihren Kindern. Ich spürte, dass eine tiefe Kluft zwischen Magdalena und Yeshua entstanden war, doch sah ich nicht die Möglichkeit, zur Heilung dieser Kluft beizutragen. Denn auch zwischen mir und Yeshua war eine tiefe Kluft entstanden, und ich war manches Mal versucht, ihm seine mangelnde Vorsicht vorzuwerfen und von ihm Rechenschaft für sein Handeln zu verlangen. Er hatte die ganze Familie in Gefahr gebracht für seine Überzeugung; ein Gedanke, über den ich nicht nachdenken mochte, nach allem, was geschehen war. Doch Yeshuas Sichtweise war nicht die Sichtweise eines Menschen, und so begann ich, mehr und mehr Mitgefühl für Menschen zu entwickeln, die sich nicht zurückziehen konnten, sondern auf all ihren Wegen teilweise wirklich Grauenvolles ertrugen, bis sie den physischen Tod letztendlich als Erlösung empfanden.

Die spirituelle Anbindung war auch auf der Reise weiterhin vollkommen konstant, und so wurden wir immer wieder von den Meistern des solaren Logos und den Lichtwesen begleitet. Wir Frauen wussten, dass Yeshua seine Erlebnisse auf seine ganz eigene Art verarbeiten würde, und so machten wir uns daran, das auch für uns zu tun. Durch meine spirituelle Verbindung wusste ich, dass niemand in Yeshuas Weg eingreifen würde, denn er war weise genug, diesen Weg selbst zu gehen. Und auch Yeshua selbst hörte nicht auf, sich um uns und für uns zu sorgen, sobald er dazu wieder in der Lage war. Seine Trauer und sein Schmerz betrafen ihn selbst, denn er kam teilweise zu der Überzeugung, dass er etwas falsch gemacht haben müsse, ansonsten hätte so etwas nicht geschehen können. Er hatte in keinem Teil seines großen Seins damit gerechnet, einer solchen Grausamkeit zu begegnen oder gar ihr Opfer zu werden. Denn auch der Mensch Jesus konnte nur erkennen, was er kennt. Und Dinge wie Verrat, Folter, Gewalt, Machtmissbrauch und Menschenopfer waren ihm vollkommen fremd. Doch so machte auch ihm das Erlebte ganz bewusst klar, dass er niemals aufgeben und aufhören würde, für das einzutreten, was er zu verkünden gekommen war. Denn nun hatte er wirklich alles überwunden, was ihm Angst vor dem hätte machen können, das er nicht kannte. Seine Liebe und seine Hingabe zu seiner Mission und seiner Familie waren ungebrochen, und so verlief die Reise nach Frankreich mit verschiedenen Phasen der Heilung und der Veränderung.

Elenia und ich kümmerten uns überwiegend weiterhin um die Kinder und machten uns auf dem Schiff nützlich, wo wir konnten. Es war unsere Art, zu heilen, indem wir uns so schnell wie möglich wieder in den Alltag einbrachten. Elenia hatte für mich ein Getränk zubereitet, das mir half, wieder klarer zu werden und in dem Moment des Seins anzukommen, in dem ich gerade war. Ich nahm es gern an, denn ich wusste, dass immer alles in dem einen Moment ist, und ich wollte mich auch eine ganze Weile nicht konkret an das erinnern, was geschehen war.

Viele Tage der Traurigkeit begleiteten uns auf dieser Reise, denn wir hatten unsere Heimat verloren und wussten, dass wir nie mehr dorthin würden zurückkehren konnten. Oftmals stand ich während der Reise auf dem Schiff, wenn die Kinder und auch die anderen Menschen schon schliefen, und schaute in die Sterne oder über das Wasser. Die Ewigkeiten Gaias und die Liebe des blauen Strahls durchfluteten mich dann und versuchten, meine Trauer und meinen Schmerz von mir zu nehmen.

Magdalena versuchte durch ihre Gespräche mit Yeshua, ihm zu helfen und etwas von dem wiederzufinden, was sie an ihm so sehr geliebt hatte und was nun nicht mehr in dem gleichen Ausmaß wahrnehmbar war wie vor der Folter. Sie litt und trauerte mit ihm und auch stellvertretend für ihn. Und so waren Yeshua und Magdalena die meiste Zeit miteinander beschäftigt, in der auch Yeshuas Verletzungen durch Magdalenas heilerische Qualitäten und sein ganz eigenes Potenzial, zumindest äußerlich, heilten.

In diesen Nächten fand ich meine Liebe zu dieser Schöpfung wieder. Jeder Stern, jede Welle, jeder Windhauch, jeder Vogel und jeder Regentropfen, die ich sah oder die mich berührten, erinnerten mich daran, warum ich dieses Leben als Mutter des Yeshua gewählt hatte, warum ich mich bereit erklärt hatte, noch einmal auf Gaia in der menschlichen Dimension zu inkarnieren und was ich niemals vergessen oder aufgeben würde. Meine tiefe Liebe zu Gaia und zu der Schöpfung, mein Versprechen an diese Liebe würden mich immer wieder dasselbe tun lassen. Ich wusste um all die energetischen Gesetze und Regeln auf Gaia. Ich wusste um all das, was viele von uns bereits geleistet hatten, und ich wusste, wie viele wunderbare Sternenkinder auf Gaia geblieben waren. Und diese galt es zu erreichen und zu wecken. Meine ständige Verbundenheit mit dem blauen Strahl und meinem geliebten El Morya hielten mich in dem Licht der Dimensionen, und so verbrachte ich manche Stunde im Mondlicht, umgeben von den wunderbaren Wassern der Mutter Erde, in denen ich mich zutiefst mit El Morya in einem liebevollen Gespräch verband.

Und egal, wie lange es dauern würde, egal, wie schwer es sein würde, wir würden gemeinsam die Schlüssel für all diese stolzen und leuchtenden Seelen setzen, denn ich wusste, dass die Sternenkinder sie finden und nehmen würden. Und für all die, die ich dort auf dem Schiff weder sehen noch spüren konnte, und für all die wunderbaren Kinder, die noch kommen würden, verankerten und erneuerten wir die alten Lehren im neuen Gewand.

Und so lachte ich oftmals mit einem kleinen Vogel, oder weinte mit dem Wind und dem Regen. Und ganz langsam begann die Erinnerung an das Grauenvolle zu verblassen, und das, was ich bewahren wollte, fand seinen Raum in dem Licht meiner Seele. Die Liebe der großen Göttin breitete sich in meinem Inneren erneut aus und begann, jede Zelle meines Körpers zu durchfluten. Und so kehrte ich, die Meisterin, langsam wieder zurück in meine Präsenz, in meine Kraft und in meine Liebe.

9

Ankunft

Das Schiff legte in Frankreich in einem kleinen Hafen an. Wir hatten alles beisammen und warteten darauf, von Bord gehen zu können. Menschen tummelten sich auf dem Hafengelände, und beim Anblick jedes Menschen, den ich sah und nicht sofort zuordnen konnte, beschlich mich die Angst, dass er eine Bedrohung für uns darstellte. Das zeigte mir deutlich, dass sich mein körperliches Bewusstsein noch nicht vollständig von dem Erlebten gelöst hatte, doch würde ich auch das in kurzer Zeit wieder harmonisieren können.

Ich wusste von Elenia, das wir erwartet und abgeholt werden würden, doch mehr wusste ich nicht. Und so ging ich neben Elenia von dem Schiff herunter und konzentrierte mich auf das Gepäck und die Kinder. Wieder einmal schnürten Angst und Sorge mir die Kehle zu, und ein unsichtbares Band zog sich um meinen Hals. Wieder einmal traten mir die Tränen in die Augen, als ich sah, wie mein Sohn Yeshua den Menschen entgegentrat, als wäre ihm nichts geschehen und als wäre nicht das vergangene Drama der Grund unserer Flucht und Heimatlosigkeit. Er ging, gemeinsam mit den anderen Männern, klar und sicher auf die Menschen zu und begann wie immer, frei mit ihnen zu reden und ihnen von seinem göttlichen Sein und der Erlösung des menschlichen Seins in das eigene spirituelle Sein zu berichten. Und ich selbst spürte wieder einmal die Saat der dunklen Seite in mir, die Unruhe und Angst in mein inneres Sein gestreut hatte, um mir so die Sicherheit der Wissenden zu nehmen.

Menschen scharten sich um Yeshua und schauten ihn neugierig an, und viele begannen sofort, ihm genau zuzuhören. Mich beschlich eine tiefe Fassungslosigkeit, und ich versuchte, Magdalena zu finden. Sie hatte sich bereits mit den Kindern an die Seite begeben, und auch ihr Gesicht spiegelte Leere, Trauer und Fassungslosigkeit wider. In diesem Moment mochte ich mich nicht mit ihr verbinden, denn ich fürchtete für uns beide um unsere innere Ruhe. Zwischen Magdalena und mir bestand das unsichtbare Band der Telepathie, und so wussten wir beide, dass wir unsere Wege zu gehen hatten und doch immer verbunden sein würden.

Elenia kam zu mir, und mit Elenia kamen drei Frauen, die Elenia irgendwie ähnlich schienen. Ich konnte nicht erfassen, was es genau war, doch lächelten mich diese drei Frauen freundlich und liebevoll an, und ich empfing auf telepathischem Wege ihre Begrüßung. Sofort fühlte ich mich eingehüllt in etwas zutiefst Vertrautes; etwas, das ganz tief in mir eine Resonanz fand und mich in einen Zustand der Geborgenheit und der Harmonie versetzte. Elenia erklärte mir, dass diese drei Frauen zu der Priesterin dieses Landes gehörten und dass diese die drei Frauen gesandt hätte, um die endlich angekommene Familie willkommen zu heißen und zu ihr zu bringen.

Ich versuchte, an Yeshua heranzukommen, um ihn davon zu unterrichten, oder zumindest Josef zu erreichen. Doch die Männer waren vollständig von Menschen umgeben und es gelang mir nicht, zu ihnen vorzudringen. So wandte ich mich an Magdalena, damit wenigstens sie sich den drei Frauen zuwenden und mit mir und Elenia mitkommen würde. Ich war sicher, dass Magdalena, sobald sie die drei Frauen spürte, sich sofort von der Männergruppe lösen könnte, um mit Elenia und mir erst einmal der Priesterin zu begegnen, sich mit ihrer Hilfe zu orientieren und zu schauen, wo wir alle erst einmal wohnen und leben würden.

Doch Magdalena war nicht bereit, mit mir oder den Frauen zu gehen und sich von den Männern zu lösen; sie wollte an der Seite ihres Mannes bleiben. So erklärte ich kurz den Kindern, wo Elenia und ich nun erst einmal hingehen würden, und dass ich wiederkommen würde, um sie nachzuholen, wenn ihr Vater so weit sei und auch ihre Mutter bereit wäre, mit uns zu kommen. Dabei wurde mir klar, dass weder Magdalena noch Yeshua diese alten gaianischen Verbindungen kannten und dass das, was in mir in Resonanz zu den Frauen getreten war, in ihnen gar keine Resonanz finden konnte wie bei Elenia und mir.

Wieder einmal erfüllte tiefer Schmerz und tiefe Trauer mein Herz, und wieder einmal fühlte es sich an, als würde es in meiner Brust zerreißen. Wieder einmal stellte ich kurzfristig alles in Frage und zweifelte zutiefst an mir. Ich konnte nicht im Entferntesten nachvollziehen, warum ich diesen Sohn in die Welt gebracht hatte, was mich bewogen hatte, mich dazu bereit zu erklären. In meinem Kopf waren all die Erinnerungen daran, warum alles nun so war, wie es war. Doch den Schmerz des Menschseins, den Schmerz des Frau- und Mutterseins, hatte ich weit unterschätzt. Und dieser Schmerz senkte meine sonst hohe Energie viel zu tief herab. Zweifelnd und traurig stand ich da und schaute auf Magdalena und die Kinder, auf Yeshua und Josef, und auf all die Menschen, die dort noch standen. Die Sehnsucht nach der Göttin, nach der tiefen Vertrautheit, stand auf der einen Seite und die Verantwortung als Frau, Mutter und Großmutter auf der anderen Seite. Warum hatte ich mir all das zugemutet? Warum hatte ich nicht vorhergesehen, dass es nicht gehen würde und dass ich selbst an mir scheitern würde? Warum hatte ich zugelassen, ein so ungewöhnliches Kind zu bekommen und es dann männlichen Lehrern zu überlassen? Warum hatte ich, seine Mutter, diesen Lehrern erlaubt, meinen Sohn, mein Kind, mit all diesen Dingen zu füttern, mit denen sie ihn gefüttert hatten? Warum hatte ich zugelassen, dass aus diesem wunderbaren Kind Yeshua ein missionierender und manchmal besessener Mann gemacht worden war? Ein Mann, der die Liebe vor seinen Füßen nicht sah, doch von der Erlösung der Menschheit sprach?

Wieder einmal brachten mich diese rasenden Zweifel fast an den Rand der Besinnungslosigkeit, als ich Elenia und die drei Frauen sah. Elenia ergriff meine Hand, und sofort sprang der Lebensfunke wieder über. Ein kleiner Hund, der anscheinend aus dem Nichts gekommen war, saß plötzlich auf meinen Füßen und hüllte diese in sein weiches Fell, und drei liebevolle, warmherzige, blaue Augenpaare schauten mich offen an. Es war, als könnten sie alle in meiner Seele lesen, was mich unendlich quälte, und es war, als wenn dieser kleine Hund, der niemandem zu gehören schien, mir sagte, dass ich das alles loslassen durfte und sollte. Und wie schön das Leben selbst ist. Sie alle spürten, dass ich mich endlos verlassen fühlte, und das Gefühl, als Mutter vollkommen versagt zu haben, mich innerlich zu zerfressen drohte.

Mein Blick traf den Blick Magdalenas, und ich las in ihren Augen ihr Verständnis und ihre Zustimmung. Sie hatte sich entschieden und blieb dort bei den Männern, und sie ließ mich auf ihre unendlich liebevolle Weise los und forderte mich telepathisch auf, mit den drei Frauen zu gehen. Ich atmete tief durch und versuchte, unter meinen Füßen den rhythmischen Puls der Erde hier in Frankreich zu spüren, die Verbindung herzustellen zu dem Herzen Gaias, und ganz langsam begannen meine Energien wieder zu fließen. Der kleine Hund sprang davon, denn er hatte seine Arbeit getan. Ich fasste Elenias Hand und nickte den drei Frauen zu. Ich wusste nicht, was mich erwarten würde, doch wusste ich, das ich gehen musste und sollte. Denn ich erinnerte mich, wer ich wirklich immer war und immer sein werde. Eine Priesterin Gaias, eine alte lemurianische Seele, die gekommen war, um ihr vor langer Zeit gegebenes Versprechen an Gaia einzulösen, soweit sie es in diesem Moment vermochte. Ich wusste nicht, ob Gaia mich spürte und ob die alte Vertrautheit und tiefe Liebe, die uns verband, auch ihr Herz erreicht hatte. Das konnte ich schon lange nicht mehr wahrnehmen. Doch bemühte ich mich um dieses reine und erhabene Gefühl, an das ich mich in den Tiefen meiner Seele erinnern konnte.

Wir gingen los, unbemerkt von der Menge, die sich inzwischen voller Freude um Yeshua, Josef und die Männer geschart hatte. Es waren fröhliche Menschen, strahlende Menschen, und ich wusste, das Yeshua und seiner Familie nichts geschehen würde, was nicht zu ihrem Besten gewesen wäre. Endlich! Elenia und ich folgten den drei Frauen durch den Ort, und schließlich verließen wir ihn. Es war Vormittag, und ich konnte über das Land sehen. Das, was ich sah, begann mein Herz wieder zu öffnen, und Dankbarkeit und Freude breiteten sich in mir aus. Meine Beine trugen mich leicht und voller Freude über die sandigen Wege, und dann sah ich in der Nähe ein kleines Dorf. Es bestand aus mehreren kleinen Häusern, aus groben Steinen gebaut, die in Kreisform beieinanderstanden. Als wir am ersten Haus vorbeigingen, sah ich eine Art Dorfplatz, einen kleinen, freien Platz, in dessen Mitte sich ein Brunnen befand. Einige Kinder und Hunde liefen herum. Alle waren friedlich und freundlich miteinander, und von Elenia, mir und den drei Frauen nahm kaum jemand Notiz. Es herrschte eine große Selbstverständlichkeit des Miteinanderseins und des Ankommens. Es war wunderschön, einmal nicht beachtet zu werden und sich vollkommen natürlich inmitten dieser kleinen Häuschen zu bewegen. Alles war stabil und fest gebaut, und mit der Zeit sollte ich verstehen lernen, warum das so war in dem Land, in dem ich nun lebte.

Wir gingen auf ein Haus zu, das sich wenig von den anderen unterschied. Was mir sofort auffiel, waren die blühenden Blumen vor diesem Haus, die sich durch besonders strahlende Farben auszeichneten. Eine große und starke Frau trat uns durch die geöffnete Tür entgegen und schaute uns freundlich und offen an. Sie hatte lange, weiße Haare und strahlende blaue Augen. Sie war sehr praktisch gekleidet und bat uns alle freundlich herein. Ich sah, dass Elenia sich sofort wie zu Hause fühlte und eine seltsame Vertrautheit zwischen dieser Frau und Elenia bestand. Wir setzten uns um einen Tisch, und die Frau nahm Elenias Hand, die diese ihr bereitwillig reichte. Es war eine Situation des tiefen Vertrauens, und in mir kroch die Angst hoch, dass ich nun auch Elenia verlieren könnte. Die Frau hieß Avenad und schien sofort zu spüren, was in mir vorging. Sie schaute mich freundlich an und sagte mir, dass ich niemals eines meiner Kinder verlieren könne, da sie mir nicht gehörten. Doch könne sie meine Sorge nach all meinen Erlebnissen sehr gut verstehen, und sie sei sicher, dass Elenia sich nicht von mir trennen würde. Das hätte etwas mit dem Gleichklang der Seele zwischen Elenia und mir zu tun, und nichts damit, dass wir Mutter und Tochter seien. Das sei in diesem Zusammenhang nicht wichtig.

Ich war erstaunt, wie Avenad das alles wissen und erkennen konnte, und wieder spürte ich das sanfte Schwingen meiner eigenen Seele. Es fühlte sich an, als wolle sich eine Erinnerung oder ein lange verlorenes Gefühl wieder den Weg bahnen, doch es gelang mir zu dieser Zeit noch nicht, einen Zugang dazu zu finden. Irgendwann in dieser wunderbaren Frauenrunde erreichte mich ein Impuls von Magdalena. Avenad schaute mich an und ich spürte, dass auch sie das wahrgenommen hatte, was ich wahrnahm. Sie nickte den drei Frauen zu, und auch Elenia reagierte sofort. Wir verabschiedeten uns für heute von Avenad und machten uns auf den Rückweg in den Ort, an dem das Schiff eingelaufen war. Auch in der beginnenden Dämmerung genoss ich die Landschaft um mich herum und sog die Eindrücke Gaias in mich auf. Wir gingen stumm bis in den Ort und uns wurde klar, dass die drei Frauen wussten, wo Magdalena, Josef, Yeshua und die Kinder zu finden waren. Ich fühlte mich auf diesem Weg wie in einem Nebel, der mich einhüllte und auch auf eine Art hilflos machte. Und doch wusste ich, dass ich geborgen und in Sicherheit war.

Wir kamen an ein freundliches Haus, und eine der drei Frauen klopfte an die Eingangstür. Eine andere Frau öffnete die Tür, begrüßte uns alle und bat uns hinein. Die drei Frauen verabschiedeten sich von Elenia und mir, sie wollten schnell zurück in das kleine Dorf, und so folgten Elenia und ich der Frau, der dieses Haus gehörte. Wir hörten Männerstimmen und hin und wieder die Stimme von Magdalena, doch gingen wir erst einmal in einen Raum, in dem die beiden Kinder waren. Ich freute mich sehr, die Kinder zu sehen, und auch Elenia begann sofort, sich um die beiden zu kümmern. So halfen Elenia und ich der Frau erst einmal mit den Kindern und bei der Zubereitung des Abendessens, bevor ich endlich in den Hauptraum des Hauses ging, um nach meiner Familie zu sehen.

Irgendetwas war geschehen, irgendetwas in mir, das ich noch nicht klar spüren und erfassen konnte, hatte reagiert. Ich wusste nur, dass es mir sehr gut getan hatte, endlich einmal über meine Ängste und Zweifel zu reden und dass sich etwas in mir gelöst hatte, was ich noch nicht erfassen konnte. So war auch der Geruch der Erde und der Luft noch intensiv um mich und auch in mir, und die Stimmen der Frauen wanderten noch immer um mich herum. Auch spürte ich die tiefe Verbindung zu Avenad, von der ich immer noch nicht wusste, wer sie eigentlich war.

Doch ich wusste ja nicht einmal mehr, wer ich war. So trat ich dann Josef und Yeshua gegenüber, denn Magdalena brauchte ich nicht »gegenüberzutreten«. Sie hatte mich die ganze Zeit spüren können und wusste, dass es Elenia und mir gut ging, und sie hatte alles sich um alles Notwendige gekümmert.

Es waren viele Männer in dem Raum, die über alles Mögliche redeten, und so begrüßte ich sie kurz und freundlich, um mich dann Yeshua und Josef zuzuwenden. Yeshua sah sehr müde aus, und so vereinbarten Magdalena und ich das Notwendige und baten dann darum, dass er erst einmal in Ruhe gelassen werden sollte, um sich von der Reise und allem Erlittenen weiterhin erholen zu können. Die Männer waren ebenso freundlich wie höflich und gingen nach einem kurzen Abschied.

Endlich waren wir wieder unter uns, und so war nun der richtige Zeitpunkt gekommen, um das Ehepaar kennen zu lernen, das uns Gastfreundschaft gewährte. Es waren wunderbare Menschen mittleren Alters, die selbst keine Kinder hatten. Sie hießen Rageda und Sid, sie betrieben Ackerbau und pflanzten Kräuter an. Es waren aufrechte und klare Menschen mit einem wunderbaren Herzen, und so interessierten sie sich auch mehr für unser Wohlergehen als für Neuigkeiten aus dem fernen Land. Alles hatte bei ihnen seine Zeit, und sie strahlten eine große Ruhe und Stabilität aus, die uns allen sehr gut tat. So schliefen wir alle wunderbar in dem Haus von Rageda und Sid, auf wunderbaren frischen Lagern aus Stroh und Decken, in unserer ersten Nacht auf französischem Boden.

10

Mein Weg zurück zu mir

Die Tage verliefen, wie wir es aus Palästina gewohnt waren: Yeshua und Josef waren überwiegend unterwegs und damit beschäftigt, die Lehren Yeshuas weiterzugeben. Magdalena begleitete sie meistens, und so blieben Elenia und ich mit den Kindern bei Rageda und Sid und verbrachten dort unsere Tage. Die Erlebnisse und Gespräche mit Avenad wirkten in Elenia und mir nach, und so fragte ich Rageda, ob sie Avenad kennen würde und warum die drei Frauen Elenia und mich am Hafen abgeholt und uns dann zu Avenad gebracht hätten. Rageda erklärte mir vollkommen selbstverständlich, dass bereits lange vor unserer Ankunft bekannt war, dass eine alte Priesterin der Göttin mit einem besonderen Auftrag aus einem fernen Land kommen würde, gemeinsam mit ihrer Familie. Da auch in ihrem Land viele heilige Riten im Einklang und im Rhythmus mit der Natur stattfänden und es hier viele Druiden und Hohepriesterinnen gebe, interessierten sich diese Menschen dort mehr für Elenia, Magdalena und mich. Sie empfände es als eine Ehre, dass sie uns und die Kinder in ihrem Hause beherbergen durfte.

Heldenhafte Söhne waren bei ihnen nicht ungewöhnlich, doch Frauen, die mit der Schöpfung und ihren Zyklen vertraut sind, waren wichtig für das ganze Land und alle Menschen dort. In ihrem Land waren diese Frauen auch in der Kräuterkunde ausgebildet, geachtet und respektiert, und viele von ihnen hatten die innere Kriegerin entfaltet, die sich im Wettstreit mit anderen Frauen maß. Ich erfuhr, dass die Frauen in diesem Land sehr komplexe und auf ihr Wesen abgestimmte Wege gingen. Ab einem bestimmten Alter suchten sie sich selbst die Lehrerin, die ihren Talenten und Neigungen entsprach, um sich so weit wie möglich entwickeln zu können.

Ich war vollkommen verblüfft über diese Erzählungen und spürte wieder dieses seltsame Klingen meiner Seele. Elenia hatte gespannt zugehört und ihre Augen leuchteten, als sie das alles hörte. Mir wurde mehr und mehr klar, dass dieses Klingen in meiner Seele mehr war als nur ein kurzes Gefühl. Das leise Klingeln der tiefen inneren Freude und der Heimkehr der Seele begann mich einzuhüllen und mich zu erfüllen, ein leise prickelndes Gefühl floss durch meinen ganzen Körper und breitete sich auf meiner Haut aus. Ich hatte das Land der Göttin wiedergefunden – der Göttin, die in dem Land, aus dem ich kam, schon so lange verloren war und doch niemals verloren sein konnte. Das tiefe Gefühl, wenn die eigene Seele, das eigene spirituelle Sein, das Schönste und Erhabenste, was eine Frau in diese Schöpfung bringen kann, sich in einem selbst wieder regt und aktiv wird, war ein lange verloren geglaubtes Gefühl. Alles, was nun nicht mehr zu mir und meinem Leben gehörte, begann von mir abzufallen und sich von mir zu entfernen. Die Göttin und die Meisterin des blauen Strahls in mir begannen zu erwachen und sich zu befreien. Mir wurde schlagartig klar, was ich durch meine Rolle als Mutter und Ehefrau zu lange vergessen hatte: Ich bin ich und ich bleibe ich, egal welche und wie viele Kinder ich geboren habe. Die Göttin in mir begann, sich an alles zu erinnern, und sie entfaltete ihr Licht und ihre Kraft, ihr ganzes Potenzial.

Ich schaute von meinen Händen, die auf dem Tisch gelegen hatten, hoch, und direkt in die Augen Elenias und Ragedas. Und zwischen uns dreien fand ein tiefes Erkennen statt. Wortlos kamen beide um den Tisch herum und nahmen mich in ihre Arme. Hohe Energien breiteten sich im Raum, im Haus, in jeder Zelle meines Körpers und in meinem ganzen Sein aus. Mein Blick und meine Stimme wurden klar und fest, mein ganzer Körper begann, sich zu straffen und sich seiner Schönheit zu erinnern. Schlagartig wurde mir klar, dass mir nun vieles bevorstand, dass ich Entscheidungen würde treffen müssen, und dass ich mich soeben ein Stück von meinem Mann und meinem Sohn gelöst hatte, ohne mich im Herzen zu entfernen. Ich erinnerte mich des Weges, auf dem Elenia zu mir gekommen war, und aus meinem Herzen strömte die Liebe und die Dankbarkeit, die ich für sie empfand.

Kein Mann und kein Sohn bestimmt das Leben einer Priesterin der Göttin. Sie bestimmt über sich selbst, im Einklang mit der Göttin, deren lebendiger und sichtbarer Ausdruck sie ist. Sie ist das Tor in diese Dimension, nicht mehr und nicht weniger. Und jeder, der dieses Tor durchschritten hat, hat sich eingelassen. Die Bibliotheken Gaias öffnen sich für jeden, denn sie stehen in einer untrennbaren Resonanz zum Kosmos, aus dem viele von uns gekommen sind. Aus Liebe zu Gaia und in der Erinnerung an das alte

Versprechen, das wir dieser Schöpfung vor langer Zeit gaben. Meine Vergangenheit glitt an meinem inneren Auge vorbei, und in mir entstand die Frage, was eigentlich noch von mir übrig geblieben war. Gleichzeitig wusste ich, das alles noch da war, dass ich es finden und wieder integrieren musste. Und ich wusste auch, dass mir Frauen begegnen würden, von denen ich viel zu lernen hatte, und eine tiefe Freude erfüllte mich bei dieser Erkenntnis. Auch die tiefen Gefühle von Unsicherheit und Aufregung vibrierten in meinem Inneren, und mir wurde klar, dass mir ein langer Weg mit viel Arbeit bevorstand.

All diese Worte strömten aus mir heraus, und Rageda und Elenia hörten in aller Ruhe und ohne Unterbrechung einfach nur zu. Sid war ins Zimmer gekommen, während ich sprach, doch auch er setzte sich einfach hin und hörte zu. Je länger ich sprach, desto klarer erkannte ich in meinen eigenen Worten die Worte der Priesterin, der Tochter der Göttin, und die Energien im Raum stiegen und stiegen. Auf einer anderen Ebene bemerkte ich, dass Magdalena und Yeshua genau jetzt mit mir verbunden waren und auf dieser anderen Ebene fühlten und spürten, was ich sagte und was aus mir herausströmte. Und ich empfand die unendliche Freude und Liebe, mit der die Menschen, die bei mir waren, und auch die Menschen, die nicht direkt bei mir waren, mit mir gemeinsam diese Energien aufbauten und stabilisierten, um sie als liebe- und lichtvolle Energien genau dort sein zu lassen, wohin sie ihren Weg aus mir heraus gefunden hatten.

Ich redete und redete, weinte und lachte, lachte und weinte. Etwas befreite sich in mir und damit auch im Außen, und es strömte in Sturzbächen aus mir heraus. Irgendwann, nach einer Zeit, die mir unendlich lang erschien, atmete ich endlich durch und konnte aufhören zu reden. Und ich spürte das Vibrieren meines ganzen Körpers, der nun begonnen hatte, diese furchtbare Starre abzuschütteln, ich spürte jede einzelne Zelle, die begann, sich von diesen schmerzlichen Erfahrungen zu befreien, um wieder im Lichte der Göttin zu erstrahlen. Rageda schaute mir fest und tief in die Augen, voller Freude und Liebe, und sagte mir, dass wir gemeinsam am kommenden Tag zu Avenad gehen würden. Und dann würde sich alles Weitere für mich und für Elenia entfalten.

11

Die Göttin erwacht

Irgendwann gingen wir schlafen. Das ganze Haus war erfüllt von den lichtvollen Energien, und ich war noch immer voller Freude und Glück, dass es mir wieder gelungen war, diese Energien zu transportieren und für die Schöpfung nutzbar zu machen. Durch die Fenster hatte ich draußen in der Dunkelheit reges Treiben wahrgenommen, feine Lichter flackerten auf, und lichtvolle Wesen bewegten sich dort in dem freien Land. Zuerst war ich etwas verunsichert, doch Rageda erklärte mir, dass die Mitglieder des kleinen Volkes und auch die Elfen und Feen diesen Anstieg der Energien bemerkt hätten. Und nun wollten sie wissen und schauen, was geschah, um sich gemeinsam mit uns daran zu erfreuen. Ganz tief in mir erinnerte ich mich an eine liebevolle Verbundenheit und ein tiefes Einvernehmen mit den Hütern Gaias, den Feen und an eine wunderbare Verbindung zu den Elfen und dem kleinen Volk. Mir war sofort klar, dass es eine Erinnerung an die lemurianischen Zeiten sein musste, denn in meinem jetzigen Leben als Myriam Merea hatte ich niemals einen so intensiven Kontakt zu der Natur um mich herum aufbauen können.

Wir schliefen bereits, als Yeshua, Magdalena und Josef kamen. Ich schaute kurz nach ihnen, doch wie meistens waren sie wunderbar versorgt und ganz mit ihrer Mission und ihrem Auftrag beschäftigt. Ich wusste, dass sie gut behütet und geführt waren und hier in diesem Land endlich zur Ruhe kommen würden. Yeshua und Magdalena würden erleben, wie ein Menschenleben sein kann und sich als normale Menschen erfahren, mit allen Höhen und Tiefen, die die gaianische Schöpfung mit den kosmischen Verbundenheiten für einen Menschen und für jeden Teil der Schöpfung bereit hält. Tief in mir machte sich eine Mischung aus Traurigkeit und Ruhe bemerkbar, ein Gefühl, das ich gut kannte. Das gleiche Gefühl hatte mich zuletzt beschlichen, als ich den Tempel und meine Eltern verlassen musste, und es war als unheilbarer Schmerz in mir gespeichert, seit ich Mu verlassen hatte.

Als ich wieder zu meinem Nachtlager ging, betete ich intensiv zu den wunderbaren Engeln und der großen Göttin, dass Yeshua, Magdalena, Josef und die Kinder gut behütet und beschützt sein würden auf ihrem Weg zur Erfüllung ihrer Mission. Ich bat aus ganzem Herzen darum, endlich wieder mit meinem höchsten Sein verbunden zu werden, um einen Schritt aus der menschlichen Begrenztheit machen zu können und eine erweiterte Sichweise auf alle Geschehnisse zu erlangen. Und ich betete darum, endlich wieder zu wissen, wer ich wirklich war und somit Klarheit und Abstraktion in meinen menschlichen Lebensweg zu bringen. Die liebevollen Antworten El Moryas erklangen in meinen inneren Ohren und ich kam zur Ruhe.

Mein Gebet war beendet, doch statt endlich wieder einzuschlafen, hörte ich leises Wispern und andere zarte

Geräusche. Irgend etwas vibrierte in meinem Kopf, als wolle sich dort etwas einschalten, um diese Geräusche zu verstehen, und während ich noch intensiv in meinem Kopf danach suchte, wurde es vor dem Fenster leuchtend hell. Zarte grün-goldene Farben erstrahlten dort, und ich schaute fassungslos auf dieses wunderbare Farbenspiel, das in einer ständigen, leicht fließenden Bewegung zu sein schien. Je länger ich auf diese schönen Farben schaute, desto intensiver wurde eine zarte Kontur für mich erkennbar. Wieder überfiel mich Trauer und Zorn darüber, dass mir anscheinend nicht mehr all meine spirituellen Talente zur Verfügung standen, denn ich wusste, dass es für mich eigentlich nicht schwierig sein dürfte, mit einem Wesen aus einer anderen Dimension in Kontakt zu treten. Doch kaum hatte ich diesen Gedanken zu Ende gedacht, hörte ich eine leichte, ruhige Stimme, die mir sagte, ich brauche nicht zornig oder traurig zu sein. Es würde alles wieder zu mir kommen und sich wieder vollständig in mir und aus mir heraus entfalten.

Es war eine Fee, eine wunderschöne weibliche Fee, die dort vor dem Fenster stand, mich anschaute und mich offensichtlich kennenlernen wollte. Sie hüllte mich in ihr liebevolles gaianisches Wesen ein und schien sich über meine Anwesenheit zu freuen. Ich war überwältigt und dankbar, und mit diesem erlösenden Gefühl der tiefen Dankbarkeit schlief ich endlich wieder ein. Ich träumte von Lemuria, von den unendlich vielen schönen Zeiten, Leben und Jahren, in denen ich in engster Verbindung zu Lemuria und Mu gestanden und als eine Vertreterin der Hathoren die meiste Zeit auf der Venus oder in Verbindung mit der Venus und

Aldebaran verbracht hatte, seit sie in dieses Universum gekommen war.

Ich begann mich zu erinnern, dass die Feen als Hüterinnen dieser Schöpfung, die Gaia ist, ebenfalls eng mit den Hathoren und der Venus verbunden sind und schon immer eine tiefe Beziehung zu den lichtvollen lemurianischen Seelen gehabt haben, die damals, vor langer, langer Zeit, die Schönheit des Universums auf Lemuria verankert haben. Sie standen im vollkommenen Einklang und Frieden mit den Menschen, die bereits auf Mu lebten, und sie manifestierten und verankerten die Schönheit des Universums, die Liebe und die Schöpferinnenkraft der Göttin auf Gaia. Ich begann mich in dieser Nacht an alles zu erinnern, an Lichtnetze, die über Gaia gezogen wurden, an Kristalle, die mit ihrer hohen Speicherkapazität große Mengen von kosmischem Wissen aufnehmen konnten und dann auf Mu in die erforderliche Form gebracht wurden. An Pflanzen und Tiere, die in Liebe und Harmonie miteinander sein konnten, und an mein Versprechen, das ich Gaia damals gemeinsam mit allen lemurianischen Seelen und Maha Cohan gab. In meiner Seele und meinem Sein begann alles, sich wieder ineinanderzufügen, und ich spürte, wie mein Lichtkörper zu erwachen begann und mein mehrdimensionales Sein sich entfaltete.

All das nahm ich wahr, während mein Körper schlief, und als ich eine liebevolle Verbundenheit meines Lichtkörpers mit etwas erspürte, öffnete ich die Augen. Und ich sah, dass mein Lichtkörper das strahlende Licht der Fee erreicht hatte und dass auch diese wunderschöne Fee noch strahlender geworden war, und mir kam der Gedanke, dass diese Fee mir geholfen hatte, die Schlüssel umzudrehen und meine Erinnerungen zu öffnen. Ein sanftes Vibrieren, wie ein feines Lachen, erreichte mich in meinem ganzen Sein, ein sanfter Abschied für heute, für den Moment, und die Fee war fort. Doch mein Lichtkörper blieb, und auch meine Erinnerungen und mein Wissen. Und nun schlief ich ein, fest und traumlos.

Als ich am nächsten Morgen erwachte, hörte ich die Kinder lachen, und dazwischen erklangen die liebevollen Stimmen von Magdalena und Yeshua. Die Erlebnisse der Nacht fielen mir wieder ein und eine feine Angst breitete sich in mir aus, denn mir wurde klar, dass ich mit Magdalena, Yeshua und Josef über meine energetischen Erlebnisse und Veränderungen würde sprechen müssen. Ich war unsicher (ein typisch menschliches Gefühl, in dem ich weder damals noch heute einen Sinn finden kann), wie sie es aufnehmen würden, und so schaute ich mir erst einmal in aller Ruhe meinen physischen Körper an und spürte in meinen Lichtkörper hinein. Doch alles in mir war klar und ich war vollkommen sicher in meiner Entscheidung, und diese Sicherheit würde sie alle erreichen und verstehen lassen. Schließlich zog ich mich an und machte mich frisch, um dann in den großen Gemeinschaftraum zu gehen, in dem sich bereits alle befanden außer Elenia und Rageda.

Yeshua sah mir sofort an, dass mich etwas beschäftigte, und lächelte mich auf seine ganz einmalige, liebevolle Art an. Er stand auf, kam auf mich zu und reichte mir beide Hände. Ich schaute ihm in die Augen und legte meine Hände in seine. Sofort begannen die Bilder zu fließen und der Film unseres gemeinsamen Lebens lief vor meinem inneren

Auge ab; und nun konnte ich auch die Kreuzigung so sehen, wie Yeshua sie wahrgenommen hatte, und mir wurde klar, dass er es war, der mir diese Bilder übertrug. Auch wurde mir seine Absicht dahinter sofort klar, und ich spürte seine Dankbarkeit und Liebe, die er mir, seiner Mutter in diesem Leben, gegenüber empfand. Und ich spürte seinen Respekt, seine Achtung, seine Dankbarkeit und seine Liebe, die er mir als Priesterin der Göttin, als erlöste Frau, entgegenbrachte und die es ihm ermöglicht hatte, sich seinem selbst gestellten Auftrag und dessen Anforderungen zu stellen.

Er wusste ohne Worte, was in mir vorging und was ich ihm und den anderen sagen wollte. Zwischen ihm und mir bedurfte es keiner Sprache, denn unsere Verbindung war uralt und hatte ihre Wurzel in Lemuria, auf Aldebaran und auf der Venus. Wir wussten beide, dass wir uns trafen und wieder trennten und dass es nur bei uns selbst lag, ob das im Frieden oder im Unfrieden geschah. Und wir wussten beide, dass dieser Vorgang zyklisch ablief und warum wir diese Leben, in denen wir uns gerade befanden, angetreten hatten. Ich konnte mich endlich wieder erinnern und hatte endlich wieder Zugang zu meinem multidimensionalen Sein. Wieder durchfluteten mich Bilder und Visionen, und wieder sah ich flüchtende und gequälte Frauen und Kinder, flüchtende und gequälte Tiere und tote Wälder und Wiesen. Ich sah Orte, an denen Gaia zu sterben drohte, und ich sah die wunderbaren Feen in ihrem heiligen Zorn, die weinenden Elfen, Kobolde, Gnome und Zwerge, die heimatlos und traurig geworden waren durch all das, was Gaia und somit all ihren Geschöpfen angetan worden war und tagtäglich wieder angetan wurde.

In meinen Ohren hörte ich die Schreie der Frauen, Kinder und auch der Männer, die unter Folter und Grausamkeit litten. Ich hörte noch einmal das Stöhnen der Verletzten und Kranken, die dahinsiechten ohne Zuwendung und ohne Hilfe. Und ich hörte das Rufen Gaias, die uns alle daran erinnerte, wer sie selbst ist und in welcher tiefen und innigen Verbindung der gesamte Kosmos mit ihr steht, leidet und heilt. Ich sah die dunklen Netze, die nun langsam und endlich an einigen Stellen geöffnet worden waren, und ich sah meine Familie und mich auf der Flucht. Ich wusste nun, wie es sich anfühlt, um sein Leben zu laufen. Ich wusste, wie es sich anfühlt, um die Kinder, den Mann, die Enkelkinder und die Freunde zu bangen. Und ich hatte ihn gespürt, diesen ohnmächtigen Zorn, der sich nun tief in meinen Eingeweiden festgesetzt hatte und der mich immer wieder quälend daran erinnern würde, warum ich in diese Dichte gekommen war und warum genau das getan werden musste, was ich getan hatte. Das Gefühl, den Halt zu verlieren, ohne bewusstlos zu werden, breitete sich überall in mir aus, während gleichzeitig eine Woge des Zornes in meinem Inneren aufstieg. Ich schwankte und spürte kaum noch meinen Körper, doch Yeshua hielt mich. Ich atmete tief ein und aus und begrüßte diesen Zorn, diese heilige Kraft der Priesterin, der Schamanin, der Hüterin Gaias, und ich wusste, dass das der Moment meiner Wiedergeburt in meiner ganzen Kraft war, im Lichte der Göttin.

Mein Sohn entließ mich in all seiner unendlichen Liebe aus der Mutterschaft und brachte mich wieder vollkommen in meine Kraft und Energie. Und so verstärkte er noch einmal all das, was in der letzten Nacht bereits in dem strahlenden grün- goldenen Licht der wunderbaren Fee begonnen hatte, deren Namen ich noch nicht einmal kannte. Eine Tochter, eine Priesterin der Göttin, ist noch viel mehr als eine Mutter. Das Mütterliche in der Göttin ist einer ihrer Aspekte, den sie, wenn sie sich vollständig lebt, in allem lebt, was ist. So wird sie eine Mutter für diese ganze Schöpfung sein, sie wird eine Kriegerin für die Rechte der Schöpfung sein und sie wird eine Heilerin für alles sein, was ihr begegnet. Und sie wird gleichzeitig auch immer eine Lehrerin für all diejenigen sein, die Fragen an sie haben. Wo sie geht und steht, repräsentiert sie die Göttin, ob sie ein Schwert trägt oder eine Feder, ob sie einen Stab hält oder einen Stein. Alle Aspekte der Göttin entfalten sich durch sie, und das ist wahrhaftig viel. Im Wesen der Göttin ist alles enthalten, es drückt sich in jeder Frau auf Gaia aus und findet eine lebendige Form in ihr. Und ich wusste plötzlich, dass ich vieles von meiner Ganzheit würde wiederfinden müssen, um wieder eine würdige Vertreterin der Göttin und der Kräfte des Lichts auf Gaia zu werden. Zu lange hatte ich meinem tiefen Schmerz und meinem Auftrag erlaubt, mich einzuschränken und mich an meiner Entfaltung zu hindern. Ich hatte den Teil meiner Mission vollkommen erfüllt, den ich zu erfüllen hatte, und konnte nun loslassen, um dem Raum zu geben, was nun wieder erwachte.

Langsam setzte ich mich hin und spürte dem Vibrieren meines Körpers nach, meine Hände zitterten, und ich vermochte kaum das Glas mit dem Kräutersaft zu halten, das Magdalena mir reichte. Langsam und mit Mühe trank ich einen kleinen Schluck, während Magdalena und Elenia sich auf beiden Seiten neben mich gesetzt hatten, um mich auch energetisch zu stützen. Was für wunderbare und starke junge Frauen, meine Töchter. Auch wenn Magdalena nicht von mir geboren worden war, machte das für mich keinen Unterschied. Sie war mir so unendlich vertraut, genau wie Elenia, und als Rageda gemeinsam mit den Kindern den Raum betrat, sah ich auch in ihr das strahlende Licht und die Kraft der Göttin, und spürte die tiefe Verbundenheit, die uns alle hier umgab.

Nun erfuhr ich, dass Yeshua und Magdalena ein neues Zuhause für uns gefunden hatten und es bald so weit sein würde, das Haus von Sid und Rageda zu verlassen. Elenia, Magdalena und ich hatten nun viel zu besprechen, denn das Einleben in dem neuen, endlich wieder eigenen Zuhause, die Versorgung der Kinder und mein ganz eigener Weg sollten nun ihre Beachtung und ihren Raum finden. Auch Rageda setzte sich dazu, denn sie wollte mich am nächsten Tag zu Avenad bringen. Ich legte mir all meine Fragen zurecht, die ich Avenad stellen wollte, und wusste gleichzeitig, dass die Fragen sich dort bei Avenad ganz von allein beantworten würden. Auch sprachen wir in aller Klarheit über Magdalenas und Elenias weitere Wege, denn es war absehbar, dass Magdalena viel mit Yeshua unterwegs sein und viel zu tun haben würde. Elenia blieb dabei, dass sie gern den Weg soweit wie möglich mit mir weitergehen wolle, und so hatten wir auch dafür zu sorgen, dass die Kinder versorgt und gut aufgehoben sein würden.

Rageda konnte uns auch hier weiterhelfen, denn sie kannte genug wunderbare Frauen aus dem näheren Umfeld, die sich gern und mit Freuden einbringen würden. Sie wollten lernen und hören, und sie freuten sich schon sehr darauf, auch die Kinder in ihre Gemeinschaft einzubinden. Rageda erklärte nachdrücklich, dass die Kinder auch in dem Dorf willkommen seien, in dem Avenad lebte, und dass auch dort gut für sie gesorgt werden würde und alle Menschen dort diese Kinder schützen und hüten würden. Es war eine aufregende Zeit mit vielen wunderschönen Erfahrungen, die nun begannen, den alten Schmerz zu überlagern, damit er unter dieser Schicht langsam heilen konnte.

Denn eines hatte mir mein Sohn Yeshua einmal wieder gezeigt: Alles ist heilbar, wenn wir uns für die Heilung entscheiden. Und ich hatte mich entschieden.

12

Eigene Wege

Am nächsten Morgen bereiteten wir alles wie gewohnt vor, und Rageda, Elenia und ich machten uns auf den Weg zu Avenad. Ich war etwas aufgeregt, und in mir rangen die wiedererwachte Priesterin, die sich an alles erinnerte, was sie bereits wusste und jemals gelernt hatte, und die unsichere Frau, die sich ein wenig fürchtete, dem klaren Blick dieser weisen Frau zu begegnen, vor dem nichts verborgen bleiben konnte. Schweigend gingen wir sicheren Schrittes nebeneinander her, und auf dem ersten Teil des Weges war ich ganz in meine Gedanken versunken. Irgendwann erreichten mich Vogelstimmen und nahmen sich immer mehr Raum in meinen Gedanken, so dass ich schließlich meinen Kopf hob und in die umstehenden Bäume schaute. Mir wurde bewusst, dass ich über die hiesigen Vögel und Geschöpfe so gar nichts wusste, und als ich einen kleinen Vogel anschaute und diesen Gedanken dabei hatte, beschlich mich das Gefühl, dass der Vogel mir verständnisvoll zunickte. Als ich lieber von dem Vogel fortschauen wollte, begegnete mir Ragedas Blick, und sie erklärte mir, dass die gesamte Natur mit denen spräche, die sie zu verstehen vermögen. Die Schöpfung sei voller Liebe für uns, die sich durch jedes

Geschöpf ausdrückte, und wir hätten so die Möglichkeit, in Einklang, Verständnis und Harmonie mit der ganzen Schöpfung zu leben.

Ich erinnerte mich an das Land, aus dem wir gekommen waren, und als hätte Rageda meine Gedanken gelesen, sprach sie davon, dass es auch in ihrem Land Menschen gebe, die nicht gewillt seien, in Einklang mit der Schöpfung zu leben und die bereits an manchen Orten ganz andere Wege gehen würden. Die Priester und Priesterinnen könnten noch alles in einem stabilen Rahmen halten, doch auch sie machten sich Gedanken über manche Geschichten, die sie erreichten. Wir sprachen weiter über diese Themen auf unserem Weg und bemerkten nicht, dass Elenia vollkommen still und versunken war. Als wir das Dorf fast erreicht hatten, begann sie, vor sich hinzulächeln, und ich konnte deutlich spüren, dass sie mit jemandem Kontakt aufgenommen hatte. Ich vermutete, dass es Avenad war.

Als wir in das Dorf kamen, wurden wir von den dort anwesenden Menschen freundlich begrüßt und gingen direkt zu Avenads Haus. Sie erwartete uns bereits und öffnete uns freundlich die Tür. Ich fühlte mich befangen, und ich überlegte, was ich denn nun sagen sollte, doch Avenad machte es mir so leicht, wie es eben ihre Art war. So bedurfte es keiner Formalitäten, und ich erfuhr ziemlich schnell, dass mich eine Priesterin kennenlernen wollte, die sich von weit her aus dem Norden auf den Weg hierher gemacht hatte. Diese Priesterin freute sich sehr, dass wir gesund angekommen waren, und hatte auch bereits vorher für alles gesorgt, damit es uns gut ging. Sie kam nicht oft in dieses Land, und so wurde ihre Ankunft mit Aufregung und Freude von allen erwartet, denn diese Priesterin stand in einer engen Verbundenheit mit der Göttin, nahm die großen Einweihungen vor und schützte das Land hinter dem Schleier. Des Weiteren war sie eng verbunden mit den Feen, die dort im Lande sehr geachtet waren.

Avenad erzählte uns, dass die Feen, die Elfen und das kleine Volk es ihr immer rechtzeitig mitteilten, wenn diese Priesterin kam, und sich die Aufregung, die dann von den Bewohnern der Anderswelten ausging, sofort in der alltäglichen Wirklichkeit bemerkbar machte. Nun war es an mir, die Worte zu klären, denn ich versuchte, sie in meinen Sprachgebrauch und in meine Erfahrungen umzusetzen. Und so begann Avenad von einer Zeit zu erzählen, als es noch keine Schleier zwischen den Welten gab und alles im Einklang miteinander lebte. Als strahlende Wesenheiten ihr Land besuchten, Freude und kosmisches Wissen mitbrachten und gern auch von den Menschen und den Bewohnern der jetzigen Anderswelt lernten. Diese Wesenheiten, die in inniger Verbindung zu den Feen standen (vermutlich schon wegen ihrer Größe), waren liebevolle und freundliche Seelen, die Avenads Ahnen vieles gebracht haben, das bis heute erhalten geblieben ist und sehr zum Wohlergehen ihres Volkes beigetragen hat. Sie bemühten sich um Verständnis und ein harmonisches Miteinander, und sie erschienen und verschwanden, denn sie waren aus Licht und Farbe.

Die Überlieferungen besagten, dass sie von anderen Planetensystemen gekommen seien, um den kosmischen Frieden zu verbreiten und die ganze Erde zu hüten und zu schützen. Sie brachten Dinge mit, die in die Erde gepflanzt wurden; teilweise, um diese an bestimmten Stellen zu heilen, und teilweise, um neue Pflanzen und Mineralienarten zu verbreiten, die die Erde im kosmischen Gefüge stabil halten sollte. Alle lernten voneinander und miteinander, und es war eine sehr glückliche Zeit, bis bedrohliche Gefährte am Himmel erschienen. Die lichtvollen und freundlichen Wesen boten den Menschen ganz klare Regeln und Hilfen an, um damit umzugehen. Viele der Lichtwesen hatten nun viel zu tun und mussten Gaia verlassen, um zu klären und zu verstehen, was geschehen war, und um die Erde und alles auf der Erde zu schützen und für den kosmischen Frieden zu sorgen. Einige der Gäste blieben hier in diesem Land und entschieden sich, auf Gaia und bei der Schöpfung zu bleiben, um zu hüten und zu schützen, was möglich war und ihre Wege künftig gemeinsam mit den Menschen zu gehen. Und ich erinnerte mich wieder, dass Lemuria nicht nur an einem Ort auf Gaia verankert worden war. Auch hier waren wunderbare, liebevolle kosmische Verbindungen entstanden, und auch hier hatten die Kräfte des Lichts ein ewiges Fundament errichtet. Ich hörte auf telepathische Weise, dass die Anker überall auf Gaia seien und zur rechten Zeit aktiviert werden würden, doch jetzt sei es noch nicht soweit.

Avenad erklärte mir weiter, dass einige von ihnen auch solche Abstammungen hätten, und ganz besonders die zu erwartende Priesterin. Und nun hätten sie alle erfahren, dass Menschen kommen würden, die unmittelbar von diesen wunderbaren Wesenheiten abstammten. So hatte sich die Kunde von unserer Flucht, Anreise und Ankunft im ganzen Land verbreitet und für Freude und Aufregung gesorgt. Alles, was Avenad erzählte, fand einen Widerhall tief in meinem Inneren. Sie nahm meine Hände, schaute mir tief in die Augen und ich spürte, wie durch ihren Blick ganz langsam dieses Klingen meiner Seele zunahm. »Hast du das alles vergessen, und weißt du nicht mehr, wer du bist?« Diese Aussage verursachte ein heftiges Vibrieren in allen meinen Körpern, und meine Hände fingen an zu zittern. Mein Kopf begann zu dröhnen, und ein tiefes und heftiges Brummen breitete sich in meinem Kopf aus, das sich über meinen ganzen Körper fortsetzte. Ich fühlte mich plötzlich, als hätte ich hohes Fieber, und wusste zugleich, dass es kein Fieber war. Es war, als hätte Avenad einen Schlüssel umgedreht, der schon viel zu lange darauf gewartet hatte, endlich umgedreht zu werden. Ich hatte das Bedürfnis, ganz tief durchzuatmen, und spürte, wie ich mit meinem Atem meinen Lichtkörper aktivierte, der sich sanft und freudvoll ausbreitete und sich anschickte, in seine ganze Energie zu gehen und sich zu entfalten.

Es ging leicht, ruhig und harmonisch. Alles geschah im Einklang mit allem. Ich sah Farben um mich herum, wie kleine Sprengsel in den Sonnenstrahlen, und ich wusste, dass die Sonnenstrahlen keine Sonnenstrahlen, sondern das Strahlen meines eigenen Lichtkörpers waren. Dieses Strahlen, das ich von meinem Sohn, von Magdalena und von ihren Kindern kannte, gehörte auch immer noch zu mir. Und ich spürte, wie schön, sanft und heilsam es sich anfühlte, und das Gefühl, endlich wieder zu Hause zu sein, breitete sich in mir aus. Eine tiefe Liebe, anders kann ich dieses Gefühl nicht beschreiben, nahm sich Raum in mir und um mich herum. Und gleichzeitig sah ich, wie sie sich auch in Elenia, Rageda und Avenad ausbreitete und den ganzen Raum erfüllte. Da wusste ich, dass ich die Göttin, die ich mein ganzes Leben so schmerzlich vermisst hatte, nun auch im Außen wiedergefunden hatte. Hatte mein Verstand die Zusammenhänge mit Yeshuas und Magdalenas Ankunft zwar gekannt, so waren sie doch für mich lange Zeit nicht mehr spürbar gewesen. Und nun konnte ich sie wieder spüren, im vollkommenen Einklang mit diesen Frauen und mit der wunderbaren Erde, die Gaia ist.

Mir wurde klar, warum diese Priesterin von unserem Kommen gewusst hatte und welch ein wunderbares Geheimnis in all diesen Frauen weiterlebte. War in dem Land, aus dem ich kam, die Göttin schon vor langer Zeit vertrieben worden, so hatten die Menschen hier sie niemals vergessen und lebten in Einklang mit ihr, im Inneren und Äußeren. Elenia und ich waren zu Hause, wir waren dort angekommen, wo die Göttin in Harmonie mit allem, was ist, lebte. Wir waren angekommen in der Heimat der Göttin, die dort, wo wir jetzt waren, mit all ihren Facetten geliebt wurde.

Avenad erzählte weiter von den leidenschaftlichen Göttinnen, von den kämpferischen Göttinnen, von den weisen Göttinnen, von den mütterlichen Göttinnen und von den Heldinnen. Wir sprachen und sprachen, und Elenia und ich vergaßen Zeit und Raum. Wir gingen gemeinsam durch den angrenzenden Wald, und Avenad und Rageda erklärten uns Bäume und Pflanzen. Und ich sah endlich wieder meine Freunde, die Mitglieder des kleinen Volkes, und hörte hin und wieder das Kichern einer Elfe. Ich konnte mich erinnern, dass ich hier überall vor unendlich langer Zeit gewesen war, als wir von Lemuria und Mu aus die lichtvollen Netze mit Hilfe der Kristalle zogen. Viele der Baumarten waren mir in leicht anderer Form und mit ähnlichem Blattwerk vertraut, und wir gingen und gingen, und ich genoss jeden Schritt auf der wunderbaren Mutter Erde. Die Dämmerung setzte ein, und wir machten uns auf den Rückweg. Und dann sah ich sie, ich sah das strahlende grün-goldene Licht, sah ihre ganze Größe und sah, dass sie mitten auf unserem Weg stand. Es war die Fee, die mir die Erinnerungen zurückgegeben hatte in jener Nacht. Die Fee, die mich an die Venus, an die Hathor erinnerte, von denen ich abstammte, und an die Abmachungen zwischen den Hathoren und den Feen, den Hüterinnen Gaias. Ich wusste nicht, ob ich würdig war, sie anzuschauen, und senkte sofort den Blick.

Avenad sprach mich leise an und berührte mich an der Schulter, doch ich war wie angewurzelt stehen geblieben. Die Angst, der Fee in die Augen zu schauen, war zu groß, denn ich wusste nicht, was ich darin lesen würde. Ich spürte, dass Avenad zu der Fee ging und leise mit ihr sprach. Und sanft, unendlich sanft, kam die Fee auf mich zu und berührte mich mit ihrer feingliedrigen Hand an meinem Arm. Ich war eingehüllt in ihr grün-goldenes Licht, und ich spürte neben mir die vibrierende Freude von Elenia. Auch Rageda sendete unendliche Freude und Liebe, und schließlich schaute ich hoch und erfasste den Blick der Fee. Augenblicklich war ich eingehüllt in die unendliche Liebe, die Gaia ist, in die Geborgenheit und die Vertrautheit, und es brauchte keine Worte mehr, um alles zu verstehen. Es gab nichts zwischen der Fee und mir, was falsch gewesen wäre. Es gab nichts, was zwischen uns stand; die Freude dieser wunderschönen, großen und machtvoll souveränen Fee sagte mir alles, was ich wissen mußte. In ihren Augen war alles richtig, wie es war, und in ihren Augen waren wir, die Hathoren und die

Feen, noch immer eng miteinander verbunden und verwoben, und nichts hatte sich geändert an dieser liebevollen Verbundenheit, die immer dagewesen war.

Die Fee sprach leise und sanft zu mir, als wollte sie den Abendgesang der Vögel nicht stören: »Ich heiße Anumee, und ich freue mich, dich nach so langer Zeit wiederzusehen. Wir wussten, dass du wiederkommen würdest, und wir wissen, dass diese unendliche Liebe ein ewiges Band ist, das Gaia hält und trägt. Eure Liebe und unsere Liebe kann Gaias Schmerz heilen. Wir sehen uns wieder.« Ich konnte nichts sagen, mich durchflutete tiefe Dankbarkeit, und ich nahm Elenias Hände, als die Fee im Wald verschwand. Avenad lächelte und drängte zum Weitergehen, und so machten wir uns schnell auf den Heimweg, denn Elenia, Rageda und ich hatten noch ein weiteres Stück zu gehen.

In Avenads Dorf angekommen, verabschiedeten wir uns schnell voneinander, und Rageda, Elenia und ich liefen durch die Dunkelheit zurück zu Ragedas Heim. Als wir dort ankamen, waren Elenia und ich noch sehr aufgeregt, und es drängte uns, den anderen von all den Erlebnissen zu erzählen. Die Kinder waren bereits schlafen gegangen, und so setzten wir uns alle zu einem kleinen Mahl zusammen. Elenia und ich berichteten Yeshua, Magdalena, Sid und Josef von den Erlebnissen des Tages. Magdalena, Yeshua und Sid freuten sich mit uns, nur Josef schaute uns fragend an und konnte mit dem Erzählten nicht viel anfangen. Sid war sichtlich froh, dass sich nun für Elenia und mich vieles geklärt hatte, doch der Gesichtsausdruck meines Partners war gezeichnet von Ratlosigkeit. Ich erklärte ihm, dass ich endlich wieder wusste, wer ich wirklich bin, warum ich nach dem Untergang von Atlantis so lange fort war von Gaia, und warum ich mich entschieden hatte, noch einmal zu inkarnieren. Und dass ich nun endlich die Göttin wiedergefunden hatte, mit all ihren Facetten, und dass ich bald die Priesterin, die Hüterin der Anderswelt und der lemurianischen Anker, kennenlernen würde.

Ich spürte, dass meine Freude und Dankbarkeit Josef nicht erreichte, und mir wurde wieder einmal klar, dass ich mit ihm verheiratet war, damit Yeshua und Elenia Eltern und ein Zuhause hatten. Und ich spürte auch, dass ich mich bereits weit von Josef entfernt hatte, doch gleichzeitig wusste ich, dass ich nicht mehr bereit war, das zu ändern, denn wieder hätte ich das opfern müssen, was und wer ich eigentlich in meiner Seele war, und schon wegen Elenia, Magdalena und den Kindern kam das nicht in Frage. Meine Liebe ist die tiefe Liebe zu dieser Schöpfung, zu diesem Universum, dessen Teil ich war und bin. Ich hatte in den vergangenen Jahren bereits viele Erfahrungen mit dem Menschsein und dem Frausein gemacht, und mir war nun klar geworden, dass die Verbindungen zu Lemuria und Mu immer noch aktiviert werden konnten. Das waren die Themen, die meine Liebe, mein Herz und mein ganzes Sein beschäftigten.

Yeshua erfasste sofort, was in mir vorging, und lachte mich liebevoll an. Und ich wusste, dass ich meinen Weg gehen konnte, ohne dass ein Mitglied der Familie darunter wirklich leiden würde. Denn sie alle hatten ihre Struktur gefunden und kannten ihre Wege. Und die konnten sie auch ohne mich gehen, wenn es erforderlich war. Ich war und blieb für sie erreichbar, wenn sie mich wirklich brauchten, doch ich wusste aufgrund meiner wiedergefundenen Verbundenheit, dass ich zur Anpassung an die damaligen gaianischen Energien die Einweihungswege gehen würde, die vor mir lagen. Ich war voller Freude und ganz menschlicher Neugier für alles, was mich erwartete, und eine lange nicht mehr gespürte Leichtigkeit und Freiheit erfüllte mein Innerstes.

Ich ging nicht weiter auf Josef ein, denn es interessierte ihn auch nicht wirklich. Josef ging seinen Weg und lebte seine Verbundenheit, die für ihn genauso richtig und passend war. Er hatte Schulung und Ausbildung erhalten; er war nicht angewiesen auf meine Anwesenheit, und es war auch nicht mehr erforderlich, in Palästina eine vollständige Familie zu präsentieren. Wir waren nicht mehr in dem Land, in dem alles hätte stattfinden sollen, und so fand ich mich als Frau in einem anderen Land, herausgelöst aus den alten Vereinbarungen, die nun der Grundlage entbehrten, und verbunden mit meiner geliebten Gaia, auf die ich mich nun erneut vollständig einlassen wollte. Vieles hatte sich geändert und löste auch in meinem Inneren seine Resonanzen aus. Ich begrüßte die Umstellungen in meinem Lichtkörper, die mich erwarteten, aus ganzem Herzen, denn mit ihnen kehrten alle meine Erinnerungen und meine ursprüngliche, spirituelle Verbundenheit vollständig zu mir zurück.

Ich war unendlich dankbar, dass Menschen im Raum und bei mir waren, die meine tiefen Gefühle und mein Glück teilten. Das war mehr, als ich noch vor einiger Zeit für möglich gehalten hätte, und so sandte ich der großen Göttin meinen Dank und meine Liebe. Und meine Gedanken wanderten zu Anumee, der wunderbaren Fee im grün-goldenen Licht. Ich wusste, dass ich ihr noch öfter begegnen würde und unsere gemeinsame Vergangenheit in eine gemeinsame Zukunft führte.

13

Begegnungen

Wir zogen um in das neue Heim, das Yeshua und Magdalena für uns gefunden hatten, und mich verband weiterhin eine tiefe Beziehung zu Rageda und Avenad. Immer, wenn Elenia und ich in Haus und Garten entbehrlich waren, machten wir uns auf den Weg zu Avenad; manchmal mit Rageda, manchmal auch allein. Nun kannten wir den Weg gut, und jedes Mal, wenn wir diesen Weg durch Wald und Flur gingen, hoffte ich, dass Anumee erscheinen würde. Ich vermisste sie sehr, und vielleicht lag es auch daran, dass ich hoffte, Anumee würde mir helfen, noch tiefer bei mir selbst anzukommen.

Mit Avenad führte ich viele lange Gespräche, und eines Tages wies sie mich darauf hin, dass demnächst die Begegnung mit der Hüterin der heiligen Inseln bevorstünde. Sie meinte, ich möge doch einmal darüber nachdenken, ob ich mich immer noch schuldig fühlte an Yeshuas Schicksal und Weg, oder ob ich damit nun ganz im Reinen sei. Erst war ich verblüfft, doch dann spürte ich, wie sich meine Eingeweide zusammenzogen, und wusste, dass da noch immer ein Schuldgefühl und eine leichte Angst wohnten. Ich sah Avenad an, und sie nickte mir zu.

Meine Tränen begannen zu fließen, und Elenia nahm meine Hände. Avenad stand auf und ging zu ihrem Kräuterregal, um eine heilende Mischung für mich zusammenzustellen. Während sie dort vor sich hin hantierte, erklärte sie mir, dass eine Frau, die ein Kind bekommt, dieses Kind nur in wirklichen Ausnahmesituationen oder in höchster Not anderen Menschen überlässt. Diese Regeln seien tief in mir verankert, und somit sei es für sie vollkommen klar, dass Yeshuas Plan und seine frühzeitige Ausbildung bei den Lehrern, die für ihn bereit waren, im Widerspruch zu meinem inneren Wissen stehen musste. Sicherlich hatte Yeshua mich aufgrund der schrecklichen Situation in meinem Land davon überzeugt, mich dafür zur Verfügung zu stellen, damit er inkarnieren konnte. Doch das, was in meiner Seele und in meinem Lichtkörper war, sprach einfach gegen einen derartigen Weg, und auch dagegen, so etwas zuzulassen und sich als Mutter zur Verfügung zu stellen. Vor den Augen der Göttin war ich als Frau verantwortlich dafür, welche Seelen durch mich inkarnierten. Und in diesem Punkt war ich mit mir immer noch nicht im Reinen und hatte mir selbst noch nicht vergeben.

Während Avenad das alles so erzählte, liefen mir die Tränen über mein Gesicht und ich wusste, dass die Hüterin der heiligen Insel das noch klarer sehen würde als Avenad. Und in mir breitete sich eine leichte Angst vor der Begegnung aus. Elenia hielt meine Hände fester und sprach leise mit mir; sie hoffte wohl, dass ich diese Scham, die ich tief in mir fühlte, einfach loslassen könnte und versuchte mir so gut zu helfen, wie es ihr möglich war. Ich nahm die Kräuter von Avenad und ließ mir noch erklären, wie ich sie zubereiten und einnehmen sollte, doch fühlte ich mich wie in einer undurchdringlichen Hülle. Auf dem Heimweg waren Elenia und ich sehr still, und ich nahm auch nicht die Abendgesänge der Vögel wahr. Zu Hause angekommen, bereitete ich mir die Kräuter so zu, wie Avenad es mir empfohlen hatte und nahm die ersten Kräuter ein.

Magdalena kam hinzu und schaute interessiert und aufmerksam. Sie begann, Fragen zu stellen, und ich erzählte ihr freimütig von allem, was ich erfahren und erspürt hatte. Magdalena war betroffen über meine Wahrnehmung, und ich erklärte ihr, dass es ihr wahrscheinlich nicht anders ergangen wäre in meiner Situation. Ich war damals noch sehr jung, mein Erinnerungsvermögen stand mir nicht im selben Ausmaß wie jetzt zur Verfügung, und ich war entsprechend erzogen worden. Und so war es damals für mich selbstverständlich, das alles geschehen zu lassen. Doch nachdem meine Erinnerungen wieder vollständig zurückgekehrt waren, rumorten in mir die Scham und das Gefühl, vor den Augen der Göttin und der Schöpfung versagt zu haben.

Ich erinnerte mich an den Plan und den Grund meiner Inkarnation als Miriam Merea, doch spürte ich in mir die tiefe Kluft zwischen meiner meisterlichen und meiner menschlichen Wahrnehmung. Hier, in diesem Land, mit all den stolzen und starken Frauen, die all ihre Kräfte soweit irgend möglich in sich entfaltet und ausgebildet hatten, waren nun meine Erinnerungen zurückgekehrt, und auch die tiefe Liebe zu dieser Schöpfung hatte wieder ihren Raum in mir gefunden. Und nun stand ich hier und fühlte mich schuldig und als Versagerin. Es half mir auch nicht, dass Yeshua nach seinem eigenen Willen gehandelt hatte und dass die ganze Situation in unserer Heimat seinen Einsatz erforderlich gemacht hatte. In mir nagten Zweifel und Angst, wie ich das diesen Frauen hier, die voller Kraft und Selbstvertrauen schienen, erklären sollte.

Magdalena hörte mir teilnahmsvoll zu, und es war ihr anzusehen, wie sie sich bemühte, mich zu verstehen. Sie konnte nicht nachfühlen, was in mir vorging, doch sie begrüßte meine Auseinandersetzung damit, denn sie wusste, dass es für mich geradezu lebenswichtig war, diesen Konflikt zu lösen. Sie fragte nach, ob sie mir helfen oder etwas für mich tun könne. Doch das konnte sie nicht, denn ich wusste, dass ich das nun ganz für mich, in Einklang mit der Göttin in mir und der Göttin, die diese Schöpfung ist, in Harmonie bringen und heilen musste.

Yeshua betrat den Raum und sah mich fest an, und ich sah etwas in seinen Augen, das ich noch nie zuvor gesehen hatte: In seinem Blick lagen Respekt und Achtung für meine Entscheidung und für meinen Weg. Er kam wortlos auf mich zu und schaute mich weiterhin unverwandt an. Er begann zu sprechen, und er bedankte sich bei mir für all das, was ich für ihn und seine und Magdalenas Mission getan hatte. Er habe immer gewusst, wer ich wirklich war und bin, und er habe immer gewust, dass dieser Moment kommen würde. Er habe vieles getan und vieles gesagt, um die Veränderungen zu bringen, für die es an der Zeit war, und die Menschheit von der Versklavung und der Unwissenheit zu erlösen. Und er wisse, dass ich diesen Weg, den ich jetzt zu gehen hatte, gehen würde und dass es genau mein Weg war.

Josef und ich hatten ihn gelehrt, was eine Familie ist, er hatte Geborgenheit und Aufgehobensein erfahren und eine tiefe menschliche Vertrautheit kennenlernen dürfen. Und all das würde er seinen Kindern weitergeben, gemeinsam mit all seinem Wissen. Und er fände es wunderbar, wenn ich auch, soweit mein künftiges Leben es zuließe, für seine Kinder, insbesondere seine Töchter, da wäre, um sie alles über Gaia, das alte Wissen und die Göttin zu lehren.

Wir alle hatten uns verändert, waren vollkommen aufgegangen in dem menschlichen und doch gleichzeitig im meisterlichen Sein. So konnten Yeshua und Magdalena den Menschen näherkommen, als sie es vorher jemals gekonnt hätten. Es lag in ihrer Macht und in ihrer ganz eigenen Kraft als Menschen, zu lehren, dabei gleichzeitig ihre Erfahrungen als Menschen zu machen und sich mit all den menschlichen Erfahrungen wieder mit ihrem meisterlichen Sein zu verbinden. Alles hatte sich verändert, ich hatte mich verändert, und so trat alles um mich herum in Resonanz zu meiner Veränderung. Magdalena und Elenia standen beieinander und sahen Yeshua und mich an; in Magdalenas Augen standen Tränen, und Elenias Augen strahlten. Elenia war in ihrer Seele eng mit den Feen verbunden, deshalb hatte sie immer um meine Verbundenheit gewusst, und nun endlich konnte auch sie beginnen zu sein, wer sie wirklich war. Elenia und ich wussten beide, dass wir Magdalena und ihre Töchter immer so weit begleiten würden, wie es ihnen und uns möglich war und wie es mit Magdalenas Leben und ihren Plänen vereinbar war.

In dieser Nacht quälten mich viele üble Träume, doch mein Wissen, dass der Grund für all diese Träume in der Verzweiflung und Zerrissenheit meiner Seele und gleichzeitig in der Heilung meiner Seele lag, ließen mich diese Nacht und auch die weiteren Nächte überstehen. Ich hatte mich entschieden, all meine Kräfte wieder, und ich wusste, ich würde nur Hilfe auf meinem endgültigen Weg bekommen, wenn ich bereit wäre, mich vollkommen einzulassen.

Und so gingen wir durch die nächsten Tage, versuchten, einen normalen Rhythmus für die Kinder aufrechtzuerhalten, und Elenia und ich waren meistens damit beschäftigt, den Alltag zu gestalten. Yeshua und Magdalena waren viel unterwegs und bauten, gemeinsam mit den Menschen, die um uns herum lebten, vieles auf. Hin und wieder war ich dabei, wenn es um die Unterrichtung von Frauen und Kindern ging, und arbeitete mit Magdalena zusammen. Magdalena war erneut schwanger geworden, und trotz all der Arbeit und Umstellungen erwartete sie auch dieses Kind voller Freude und Liebe.

Elenia hatte immer sehr viel Freude an den Kindern und Tieren, und sie leistete genau wie in Palästina unendlich viel Heilungsarbeit mit großem Erfolg. Ich arbeitete weiterhin mit den Kräutern von Avenad, und an manchen Tagen besuchten Elenia und ich sie.

Und dann kam der Tag, an dem wir alle spürten, dass sich etwas verändern würde. Eine leichte Brise wehte über das Land, und die Blätter der Bäume wisperten leise vor sich hin. Am Himmel strahlte die Sonne zwischen zarten, kleinen Wolken hindurch, und alles wirkte sehr ruhig und stabil. Elenia und ich wussten sofort, was geschehen war, sagten den anderen Bescheid und liefen los. Wir wollten schnellstmöglich zu Avenad, denn auf jede meiner Fragen, wann die Hüterin der heiligen Insel eintreffen würde, hatte sie mir geantwortet, dass Elenia und ich das spüren würden.

Nun spürten wir es, klar und deutlich, und wir liefen leicht und frei zu dem Dorf Avenads.

Dort herrschte bereits ein reges Treiben. Der große Ofen auf dem Dorfplatz rauchte emsig und es roch nach dem frischen Brot, das dort gebacken wurde. Elenia und ich begrüßten alle und eilten zu Avenads Haus. Gerade in dem Moment verließ sie das Haus und sie sah einfach wunderbar aus. Ihr Strahlen und ihre kraftvolle Aura hüllten uns sofort mit ein; sie freute sich, uns zu sehen, und fragte, ob wir noch etwas essen oder trinken wollten, bevor wir aufbrachen. Elenia und ich hatten überhaupt keine Vorstellung, was uns erwartete und wo wir hinwollten. Und so schauten wir Avenad verblüfft an. Sie erklärte uns, dass wir zu einem heiligen Ort gehen würden und dort das erste Treffen mit der Priesterin stattfinden würde. Wir hätten nun ein Stück zu gehen und es würde alles viel Zeit in Anspruch nehmen. Sie könne nicht sagen, wie lange es dauern würde, und es sei bestimmt gut, wenn wir uns vorher noch stärken würden. So setzten wir uns in Avenads Haus, und während Elenia und ich etwas aßen, packte Avenad viele kleine Dinge in einem Lederbeutel zusammen.

Schließlich brachen wir auf. Es kamen noch drei Frauen aus dem Dorf mit, und ich erkannte in ihnen die drei Frauen, die Elenia und mich am Hafen abgeholt hatten. Wir plauderten, und die Frauen erzählten voller Freude von ihren Erfahrungen und Begegnungen mit der Priesterin und den Feen, die oftmals auch an dem heiligen Ort erschienen. Sofort wanderten meine Gedanken zu Anumee, und ein leichtes Vibrieren durchzog mich. Sollte das ein Zeichen dafür sein, dass Anumee dort sein würde? Sofort hörte ich in meinem Kopf die Antwort von Anumee: »Ja, ich werde dort sein und freue mich auf unser Wiedersehen.« Ich war verblüfft, doch die anderen Frauen lachten mich an. Sie erklärten mir, dass Feenverbindungen sich so anfühlen, denn die Feen sind frei von Begrenzungen, genau wie die Engel. Sie hüten die Erde und die Schöpfung als Ganzes, dieses sensible Gefüge, und erfüllen so seit unendlich langer Zeit ihren Auftrag, den sie im Einklang mit den Engeln der Planeten erhielten, als dieses Universum sich erschuf.

Der Weg fiel mir noch leichter, denn die Freude auf das Wiedersehen ließ mich beschwingt gehen. Der Gesang der Vögel klang für mich besonders herrlich, und das Wispern der Blätter wurde in meinen Ohren zu einer Sinfonie. Ich spürte, dass eine starke Energie sich aufbaute, und mir war klar, dass wir uns dem heiligen Ort schon erheblich genähert hatten. Dann sah ich die ersten großen Steine; gewaltig standen sie da, als würden sie schweben. Zuerst konnte ich kaum erkennen, dass sie fest im Boden verankert waren, denn jeder Stein hatte eine starke Ausstrahlung. Es waren unendlich viele Steine, groß und erhaben, die in Reihen standen und an einer Stelle einen Kreis bildeten. Sofort wusste ich, das dieser Kreis etwas mit den Himmelsrichtungen zu tun hatte. Die Bedeutung der Steine, die in Reihen standen, war mir noch unklar.

Verteilt standen Gruppen von Frauen und vereinzelt auch kleine Gruppen von Männern. Anscheinend blieben sie voneinander getrennt, und so schaute ich mich neugierig um, denn irgendwo dort würde sicherlich die Hüterin der heiligen Insel sein. Die Dämmerung breitete sich langsam aus, und mein Blick glitt suchend über die Menschen, die sich dort in der Nähe der Steine aufhielten. Und dann sah ich sie; sie hatte mitten in einer Gruppe von Frauen gestanden und trat nun hervor.

Sie war schlicht und praktisch gekleidet, in natürlichen Farben, doch ihre Aura und ihre Energie erfüllte einen großen Raum um sie herum. Güte, Weisheit, Liebe und Wissen kamen mir wie Wogen entgegen, die in mir fast ein rhythmisches Gefühl auslösten, das sich mit dem visuellen Bild mischte, als sie auf uns zukam.

Gemeinsam mit ihr kam noch eine andere Frau, die ihre Energien konzentriert bei sich hielt und um sich herum einen geschützten Raum aufgebaut hatte. Die Woge von Güte und Weisheit, die mich nun berührte, ließ mich fast in die Knie gehen, und sie durchspülte mich und meinen gesamten Lichtkörper. Gleichzeitig hörte ich in meinem Kopf ihre Worte, die mir geradezu verboten, vor ihr auf die Knie zu gehen, und so stand ich da, vollkommen eingehüllt, und fühlte mich unendlich schwach und durchlässig. Ich neigte meinen Kopf, griff nach der Hand meiner Tochter und schob diese vor. Elenia wollte sich weigern, aber ich hatte einen eisernen Griff, und es blieb ihr nichts anderes übrig, als meiner Bewegung zu folgen und nach vorn zu treten. Elenia war die, die nie vergessen hatte. Sie war die, die der Göttin würdig war, und mein ganzes Inneres wollte nur noch, dass Elenia endlich nach Hause kam. Dorthin, wo sie wirklich hingehörte, und wo diese tiefe Sehnsucht, die ich immer in ihren Augen gesehen hatte, wenn sie sich unbeobachtet fühlte, endlich ein Ankommen fand.

Alles um uns herum war ruhig geworden, niemand sprach mehr, und die Priesterin stand vor mir. Ich sah, dass sie unter ihren langen Kleidern feste Lederstiefel trug, und ich spürte, dass sie stabil und sicher dort stand und Elenia, mich und die anderen Frauen, die mit uns gekommen waren, einhüllte. Und ich nahm die andere Frau wahr, die mit ihr gekommen war, und ich spürte von dort die Prüfung, die tief in mein Inneres schaute und alles darin las wie in einem offenen Buch. Ich wollte etwas antworten, als die Hüterin der heiligen Insel uns liebevoll begrüßte, doch es war, als sei mein Hals zugeschnürt. Endlich konnte ich sprechen, nachdem sie mich erneut liebevoll eingehüllt hatte, und noch immer hielt ich den Arm meiner Tochter umklammert. Ich begann zu sprechen und erzählte ihr von Elenia und von mir; ich erzählte ihr, dass Elenia mich nie verlassen hatte, doch dass sie lernen solle und eine würdige und liebevolle Lehrerin brauchen würde. Dass Elenia Gaben hatte, die sie voller Liebe und Hingabe für die ganze Schöpfung einsetzte. Und dass ich sie aus ganzem Herzen bitten würde, sich meiner Tochter anzunehmen, und sie zu lehren.

Dann sprudelte alles aus mir heraus, was geschehen war, und ich sagte ihr, dass ich sehen müsste, wie mein Weg nun weitergehen würde und dass da mein Sohn Yeshua mit seiner Familie und mein Mann Josef seien.

Ich erzählte ihr, dass ich vergessen hatte, wer ich eigentlich war, und dass ich meinem Weg folgen würde, wenn sie sich nur Elenias annähme, damit diese endlich frei und glücklich werden könnte. Und dass die Inkarnation Yeshuas einen Hintergrund hatte, der nun aber nicht dort verwirklicht wurde, wo er hätte stattfinden sollen, und dass ich auch nicht wisse, wie es nun weiterginge. Denn hier, wo wir jetzt waren, war es wunderschön, doch da, wo wir hergekommen waren, war es grauenvoll und demütigend für Mädchen und Frauen.

Als ich endete, breitete sich Stille aus. Niemand sagte etwas, und es lag eine spürbare Spannung in der Luft. Wieder hüllte mich eine Woge von Güte und Liebe ein, und nach einer Weile hörte ich die feste und ruhige Stimme der Priesterin vor mir. Sie sprach klar und bestimmt, und sie sagte mir, dass sie meine Tochter nicht nehmen würde, denn diese würde das gar nicht wollen. Und dass ich mich selbst verurteilen würde für etwas, was ich zu dem Zeitpunkt, als ich ein Teil des Planes wurde, gar nicht verstehen konnte, und auch ohnehin nicht hätte verhindern können. Sie sagte, dass ich durch meine Selbstverurteilung mich selbst meiner Kräfte beraubt und sie gebunden hätte, weil ich vergessen hatte. Und weil andere Kräfte dafür gesorgt hätten, dass sie gebunden blieben. Und sie sprach davon, dass Yeshuas und Magdalenas Vorhaben sehr mutig gewesen sei und Yeshua sehr genau gewusst habe, auf was er sich einließ. Und dass solch ein Sohn für keine Mutter zugänglich gewesen wäre, und hätte ich all meine Kräfte eingesetzt, wäre ich zugrunde gegangen an meiner eigenen Verzweiflung und der Begrenztheit des menschlichen Seins. Sie sagte, dass all diese Verzweiflung nun für mich ein Ende habe, denn die Feen hätten ihr bereits von mir erzählt, und eine Frau, die in so enger Verbindung zu den Feen stünde, egal, in welchem Land, könne nur eine Frau mit ganz bestimmten Qualitäten sein. Und so sei sie immer informiert gewesen, denn sie beschütze schon sehr lange die heiligen Inseln vor den dunklen Kräften, die seit dem Untergang von Atlantis immer wieder versucht hätten, sich aller wichtigen Plätze auf Gaia zu bemächtigen. Dann bat sie mich, endlich meine Tochter loszulassen und ihr in die Augen zu schauen, denn es gebe nichts, was ich fürchten müsse, und nichts, dessen ich mich zu schämen brauchte.

Langsam, ganz langsam, erreichten ihre Worte mich, und ich löste die Umklammerung um Elenias Arm, die erleichtert aufatmete. Gleichzeitig dachte ich, was ich eigentlich für eine Mutter sei, die eben versucht hatte, ihre Tochter, mit der sie zutiefst verbunden war, abzugeben. Scham breitete sich in mir aus. Ich ließ meinen Arm sinken und hob langsam den Kopf. Und dann versank ich in den Augen Lady Portias, die mir in mein Herz und in meine Seele sah, und sie versank in meinen Augen, denn auch ich konnte in ihr Herz und in ihre Seele sehen. Ich hatte mich zwar schon an vieles wieder erinnert, aber nun kam alles zu mir zurück. Unendliche Bilder sah ich, das ganze Universum, die Planeten, unser Ankommen auf Gaia, die Entstehung der wunderschönen, farbenprächtigen Kristalle, die auf Gaia in allen Regenbogenfarben strahlten. Ich sah Lemuria und Mu, ich sah sphärische Wesen, die aussahen wie die Feen, und ich sah lachende Kinder, Frauen und Männer. Ich sah wunderschöne Rituale, in denen Menschen, Feen, das kleine Volk, die Tiere und wir alle in Einklang mit Gaia waren. Und ich sah Atlantis, so wie ich es damals wahrgenommen hatte, und fühlte noch einmal meinen Schmerz darüber, wie sich alles verändert hatte. Und ich sah, wie ich Gaia verließ in dem tiefen Wissen, dass ich sie nie vergessen würde, und irgendwann, wenn die richtige Zeit dafür gekommen wäre, zu ihr zurückkehren würde. Ich sah die Venus, meine Heimat, und die Hathoren, zu denen meine Seele gehört. Und mein ganzes Sein wurde genau in diesem Moment zu der Verbindung zwischen den Hathoren und Gaia, die ich immer war und in der meine Mission bestand.

Es war ein magisches Erlebnis, und ganz nebenbei fühlte ich, wie mein Körper sich mit dem Licht und der Liebe der Hathoren erfüllte und ich wieder mehr ganz zu der wurde, die ich wirklich war und bin. Kraft und Energie breitete sich in mir aus, und ich spürte die Kräfte einer Kriegerin des Lichts, die mich durchströmten und weiteten. Und so wurden unsere Lichtkörper zu einem Lichtkörper, ich konnte sie durch und durch spüren und sie konnte mich durch und durch spüren. Wir waren vollkommen gleichwertig, sie und ich, jede auf ihre Art und Weise, und verbunden im spirituellen Sein. Sie lachte mich an, mit vollkommen offenem Gesicht, und stand vor mir, groß, klar und kräftig. Sie sah sich um und sagte, dass sie mich nicht in meinem jetzigen Zustand belassen wolle, und bat die Umstehenden, ein Ritual zur Aktivierung und Sicherung meiner Kräfte vorzubereiten.

Auf allen Seiten entstand Bewegung, denn die Anwesenden wussten anscheinend sehr genau, was zu tun war. Ich schaute Elenia an, und diese nickte mir einfach nur zu. Dann sah ich sie: Zuerst sah ich nur ihr grün-goldenes Leuchten, und es dauerte einen Moment, bis ich sie ganz erfassen konnte. Sie stand etwas seitlich und lächelte mir freudvoll zu. Anumee war gekommen. Ich fühlte mich schlagartig wohl und geborgen, eingehüllt in das Licht dieser wunderbaren Fee, die ganz ohne Anstrengung die Schleier durchschritt, die meine Welt und meine Wahrnehmung von der Welt der Feen trennte. Und mir wurde klar, dass Lemuria nie ganz verschwunden war, und dass auch Mu noch in einer anderen Dimension existieren musste. Und dass Anumee die Wege dorthin kannte und sie sicherlich auch oftmals beschritt. Irgendwo dort war auch die heilige Insel, die bereits in Lemuria ein Schlüssel für ganz Gaia und die kosmischen Verbindungen gewesen war. Von irgendwo dort waren die Engel der Planeten erreichbar, und somit auch die Hathoren, nach denen ich mich manchmal zutiefst sehnte.

14

Das Sammeln der Kräfte

Links und rechts traten zwei Frauen neben mich, die mich sanft und liebevoll an den Armen fassten. Sie erklärten mir, dass ich mich nun in den Steinkreis begeben solle, denn er sei vorbereitet für das Ritual, das Lady Portia jetzt mit mir durchführen würde. Das Ritual solle mir helfen, mich aus allen Täuschungen zu lösen, mein Potenzial wieder vollständig auszuschöpfen und jede Art von Magie aufzuheben, die gelöst werden musste. Ich zitterte am ganzen Körper, doch wusste ich, dass das nur die Aufregung und die Vorfreude darauf war, endlich wieder ganz ich selbst sein und mich endlich wieder an alles erinnern zu können. Endlich wieder Gaia zu spüren und zu wissen, wo mein Herz wirklich zu Hause ist. Endlich wieder anzukommen, endlich wieder in sich selbst eine Heimat zu finden und für sich selbst sorgen können.

Ich ging stolzen Schrittes zwischen den beiden Frauen in den Steinkreis, mein Blick wanderte über all diese wunderbaren großen Menhire, die auf seltsame Weise zu erstrahlen begannen. Auch meinten meine Ohren, ein sanftes und beruhigendes Summen zu hören, das von den Steinen ausging, als wollten sie mich mit ihren Tönen und ihrem Licht in ihre Liebe hüllen, in die tiefe Liebe Gaias. In der Mitte des Kreises angekommen, gingen die beiden anderen Frauen wieder fort und ich stand ganz allein dort, in dem alten und machtvollen Steinkreis. Ich sah Lady Potia nur schemenhaft, und dann hatte ich auch keine Zeit und keine Möglichkeit mehr, mich auf ihren Anblick zu konzentrieren.

Im nächsten Moment stand ich in einem starken Energiefeld, das mich durchflutete, und mehrfach hatte ich das Gefühl, als würde etwas aus meinem physischen Körper gezogen. Um mich herum tanzten Farben und Lichter, und die Töne der Menhire wurden lauter und lauter. Schemenhaft nahm ich den Sternenhimmel über mir wahr, und mein Blick versuchte, sich darauf zu fokussieren. Dann spürte ich starke Energien, die irgendwo über mir ihren Ursprungsort hatten und mich nun vollständig, von oben kommend, einhüllten. Wärme, Licht, Heilung, Frieden und Weisheit breiteten sich derart intensiv in mir aus, dass alles, was sich damit nicht in Harmonie befand, sich durch unendliche Tränen löste. Diese Tränen liefen über mein Gesicht und tropften hinunter auf Gaia, und mir wurde klar, dass ich inzwischen, überwältigt von dieser liebevollen Kraft, auf dem Boden kniete und schluchzte wie ein kleines Mädchen.

Noch einmal durchfuhren mich heftige Energien und verbanden mich endgültig wieder mit der Venus, meiner Heimat, mit dem wunderbaren Licht des blauen Strahls. Sie durchflossen meinen physischen Körper und fanden ihren Weg in die gaianischen Tiefen. Das Summen und das Licht der Menhire hielt mich, meine Seele, meinen Lichtkörper.

Es verankerte alles, was ich wirklich war und bin, stabil mit meinem physischen Körper und durchtränkte die Energien der Venus mit den wunderbaren Energien Gaias. Ich hatte jegliches Zeitgefühl verloren, war ganz in mir und zutiefst mit mir verbunden, und dann hörte ich mich lachen. Ich lachte aus ganzem Herzen, während mir noch immer die Tränen der Heilung über das Gesicht liefen. Ich lachte vor unendlicher Freude, laut und kraftvoll, und mein Lachen und die Töne der Steine wurden zu einem gemeinsamen Ton, der hinaufgetragen wurde bis weit in das Universum und hinuntergetragen bis in das Herz Gaias.

Gaias Kraft und Liebe stiegen auf und nahmen mich ganz in sich auf, und so lachte ich mit ihr gemeinsam, voller Freude und Glückseligkeit, denn nun wusste sie, dass ich nach langer Zeit zurückgekehrt war. Und dass ich mein Versprechen, das ich ihr einst gab, gehalten hatte. Und die Liebe, die uns beide verband, entflammte erneut in meinem Herzen, nahm sich unendlichen Raum und breitete sich in mir und um mich herum aus.

Ich konnte spüren, wie diese Liebe Gaias sich mit den Menhiren verband, sich immer weiter ausdehnte und aus meinem Gefühl heraus die ganze Erde umspannte. Diese Liebe verband und verbindet mich mit all den Menschen, die Gaia lieben. Es sind Menschen, die niemandem in dieser wunderbaren Schöpfung Leid zufügen wollen, denn sie bringen Liebe und Heilung, Frieden und Weisheit. Diese Liebe verbindet mich mit den Wesenheiten aller Dimensionen und Welten, die für Gaia eintreten und eine tiefe Liebe für sie und ihre wunderbare Schöpfung empfinden. Diese Liebe ist die Liebe der Göttin, die ich endlich wieder spüren konnte, die mich vollends durchflutete und ständig in Resonanz mit all den wunderbaren Tieren, Pflanzen und Mineralien steht.

Und so konnte ich sie wieder sehen, die Einhörner und die Drachen, die Katzen, die Hunde, die Wölfe, die Bären, die Schlangen, die Vögel, alle wunderbaren Geschöpfe, die im Lichte Gaias kommen und gehen. Und ich sah die Feen und ihr Land, ihre Welt, ihre Dimension, die Elfen und all die kleinen Freunde. Ich wurde eins mit allem, was ist, und somit wurde ich wieder ganz ich selbst. Ich wurde wiedergeboren als Priesterin der großen Schöpfergöttin, als Hüterin, mit ihren Füßen auf der Erde, die Gaia ist, kniend, weinend, lachend und voller unendlicher Dankbarkeit und Liebe. Endlich war ich angekommen, endlich war ich wieder ganz ich selbst. Ich, die Hathor, die Botschafterin vor langer Zeit, in einem menschlichen Körper in der Dichte Gaias, die niemals etwas von ihrer Schönheit und ihrer Vollkommenheit eingebüßt hatte, wir wurden eins. Ihr Wissen, das ich bin, und mein Wissen, das sie ist, baute die Lichtbrücke zur Venus, zu meinem Volk, zu meiner Heimat. Ich selbst, verkörpert und Mensch geworden, Frau geworden, war die Lichtbrücke. Und der, der in meinem Leben als Miriam Merea als mein Sohn inkarniert war, hatte diese Lichtbrücke gebraucht, um sich selbst zu verkörpern und Mensch zu werden, Sohn, Mann und Vater. Die Frau als Tor der Inkarnation, Gaia als Urkraft der Göttin, um das Wunder der Schöpfung zu empfangen und erblühen zu lassen. Und Gaia als der Apsekt der Göttin, der verschlingt und verwandelt. Nichts geht verloren, Geburt und Tod, Veränderung, Transformation. Abschied und Wiederkehr.

Lasse dich niemals täuschen von der äußeren Form, denn die schwingenden Seelen und die Engel inkarnieren in allen Formen! Dieser Satz, der damals in Lemuria eine der wichtigsten Lehren war, hallte in meinem Kopf und in meinem Körper wieder. Ein unendliches Sternenzelt, verschwimmende Formen und Farben, gelöst von Raum und Zeit, die unendliche Freiheit der Seele, getragen und gehalten von der unendlichen Liebe des ganzen Universums. Äonen und Zyklen liefen vor meinem inneren Auge ab, noch einmal sah ich das Sterben der Einhörner und ihre Wiedergeburt hinter dem Schleier, der die Welten trennt. Und ich wusste, dass sie dort alle waren, hinter dem Schleier, den auch ich nun wieder mühelos durchschreiten konnte, mit Körper, Geist und Seele. Ich sah die Strahlen, die Gaia mit den Planeten verband, und ich hörte die Töne der einzelnen Planeten. Klar und deutlich waren sie für mich zu hören, und ich konnte jeden dieser Töne mühelos zuordnen. Die Stationen meiner gaianischen Reise liefen vor meinem inneren Auge ab; jede dieser Stationen und Situationen schaute ich mir klar und bewusst an, mit einer derart scharfen und klaren Wahrnehmung, die ich vorher nicht hatte. Und von jeder dieser Stationen holte ich den Teil von mir zu mir zurück, den ich dort gelassen hatte. Ich sammelte alles ein, was ich jemals war, und wurde so wieder zu der, die ich ganz bin.

Ich war mir vollkommen bewusst, dass ich jedes Mal einen Anker von dort fortnahm, wo dieser Teil von mir so lange geschlummert hatte, doch ich wusste auch, dass dieses Ritual nicht mit dieser Kraft stattfinden würde, wenn es nicht genauso hätte sein sollen. Und so sortierte ich mich in dieser geballten Kraft, die von der Priesterin und den Menhiren gehalten wurde, verabschiedete, was ich nicht mehr brauchte, und holte mir zurück, was zu mir gehörte. Ich kannte keine Zeit mehr, ich war nur noch Spüren und Sein, und das war wunderbar. Irgendwann hatte ich jede Struktur verloren und fühlte mich doch unendlich wohl, unendlich frei und unbeschwert. Ich spürte Hände, die mich hielten, ich spürte Liebe und Harmonie, die mich umgaben, ich fühlte mich unendlich geborgen und klar.

Dieser Zustand hielt drei Tage an, wie ich später erfuhr. Sie hatten mich in Avenads Haus gebracht, als das Ritual aus Sicht der Priesterin zu Ende war. Ich hatte es nicht bemerkt und musste es auch nicht bemerken. Sie haben für mich gesorgt, dort, in Avenads Haus, und nach drei Tagen spürte ich das erste Mal wieder, dass ich einen Körper hatte und nahm klar und sicher wieder meine Umgebung wahr. Mir ging es wunderbar, kraftvoll und leicht.

15

Ein neues Leben

Ich kam wieder zu mir, wieder bei mir an. Und ich sah in strahlende Augen, voller Freude und unendlicher Liebe. Überall sah ich die Kraft und das Licht der Göttin leuchten. Ich reckte und streckte mich, hinein in mein ganzes Sein. Und mich durchfluteten die Kraft und die Liebe der Mutter Erde selbst, sie stieg von unten in mir auf und entfaltete sich in meinem gesamten Lichtkörper. Ich wusste sofort, dass mir alles wieder zugänglich war, dass alle Erinnerungen mir wieder zur Verfügung standen und ich vollkommen angebunden und verbunden war. Die Venus und die Erde, die alte Verbindung, die ewige Verbindung. Die tiefe Verbundenheit der Hathoren mit den Bewohnern Mus, die sich immer ergänzt und besucht haben. Die, die aus einem anderen Universum gekommen waren und über Aldebaran und die Venus ihren Weg zur Erde genommen haben. Die, die vergessen hatten, wer sie sind, und sich verstrickt hatten in Emotionen und Rechthabereien. Ich erinnerte mich all der Menschen und der erhabenen Seelen, die für ihre kosmische Liebe gelitten und gekämpft hatten. Ich erinnerte mich an den, der in diesem Leben als Miriam Merea mein Sohn war und mit einer ganz klaren Absicht gekommen war. Ich erinnerte mich meiner Tochter, in deren strahlende Augen ich sah, ich erinnerte mich an Magdalena und ihre wunderbaren Kinder. Und ich erinnerte mich an mich selbst, an mein ganzes eigenes Sein. Und ich wusste, dass ich es nie wieder vergessen würde.

So wurde mir auch klar, dass die Kinder Yeshuas und Magdalenas in dem gleichen Teil der Erde aufwachsen sollten, wo Yeshua und Magdalena geboren waren, denn das war der Teil der Erde, in dem die Göttin seit dem Untergang von Atlantis verloren war. Dort hatte sich die dunkle Saat ausgebreitet und ihr Netz gesponnen, und genau dort wollte Yeshua dieses Netz durchbrechen. Nun würden die Kinder in einem Teil der Erde aufwachsen, in dem die Göttin immer noch zu Hause war und wo die dort lebenden Menschen eine wunderbare Beziehung hatten zu der Schöpfung, die sie umgab. So wunderbar all das Erlebte für mich war, und so glücklich ich selbst darüber war, diese wunderbaren Menschen und besonders diese Frauen gefunden zu haben, so traurig und furchtbar war diese Erkenntnis für mich.

Hier konnte Yeshua zwar seine Lehre ohne Verfolgung weitergeben, doch war sie hier nicht so bitter nötig wie dort, wo sie hätte gelehrt werden sollen. Die Priesterin der Göttin und die Mutter stritten in mir und gerieten in einen Konflikt. Als Mutter Yeshuas und Elenias und als Vertraute Magdalenas war ich froh und glücklich, dass meine Lieben nun in Sicherheit waren, und ich hoffte inständig, dass die furchtbaren Schmerzen und Wunden ihrer Seelen heilen konnten. Doch als die junge Priesterin der Göttin, als die ich damals auserwählt worden war, das Kind Yeshua auszutragen und zu gebären, war in mir immer noch das tiefe Gefühl, versagt zu haben. Denn die Mission, die dahinterstand, konnte so nicht mehr erfüllt werden, wie sie geplant war.

Dass die Menschen hier in diesem Land sich so freuten und uns allen so offen und herzlich begegneten, erfüllte mich mit Freude und der Hoffnung, dass irgendwie doch alles richtig sein würde, wie es gekommen war. Hatte die Göttin es gewollt und herbeigeführt, dass wir in dieses Land gekommen waren? Hatte die Göttin andere Pläne mit mir und meiner Familie, als ich es bisher gewusst oder geahnt hatte? Oder hatten wir alle uns einfach blenden lassen von unseren eigenen Vorstellungen und Ideologien und einen sinnlosen Versuch herbeigeführt, etwas neu zu beleben, woran nur alte Erinnerungen und Überlieferungen hingen? Etwas, das gar nicht mehr neu belebt werden konnte in der Form, in der wir uns das vorgestellt hatten? Oder ich mir das vorgestellt hatte?

Mit all diesen Gedanken sah ich in die Gesichter der Frauen, die in Avenads Haus anwesend waren. Und ich sah in all diesen Gesichtern Liebe und Zuversicht, auch in dem Gesicht meiner Tochter. Elenia sah mich an, und ich wusste, dass sie unsere Familie informiert hatte und dass alles so gut war, wie es war. Ich konnte aufhören, zu grübeln, und mich weiterhin im Loslasssen üben. Im Loslassen meiner alten Denkweisen und Vorstellungen, denn langsam wurde mir klar, dass die Göttin niemals vertrieben oder vernichtet werden kann, denn das wäre das Ende Gaias. Ich wusste nie, welches ihrer unendlichen Gesichter die Göttin als nächstes zeigen würde. Und das wusste niemand. Und so wurde mir klar, dass die Göttin immer wieder auferstehen würde, unabhängig davon, was ich dachte oder woran ich zweifelte. Sie war in mir, bei mir und um mich herum, und vor dem Fenster erschien ein Specht, der kurz gegen das Holz klopfte, mich dann anschaute und mir eine Botschaft von Selbstverständnis und Frieden vermittelte.

Eine wunderschöne Katze kam auf meine Liege zu, ohne den Specht zu beachten. Sie sah mich ebenfalls aus ihren mandelförmigen Augen an, die tief grün-türkis waren, sprang auf meine Liege und setzte sich so hin, dass sie mich unverwandt anschauen konnte. Ich versank in ihren wunderschönen Augen und sah darin noch einmal alles, was an dem Abend im Steinkreis geschehen war. Ich sah es mit den Augen der Katze, sah mich von außen dort in dem Kreis, und spürte gleichzeitig noch einmal all die sich in mir verändernden und heilenden Energien. Ich verlor mich und fand mich wieder, und irgendwann beendete die Katze durch eine Drehung ihres Kopfes diese gemeinsame Reise. Leise dankte ich ihr, und sie kam schnurrend zu mir und legte sich an meine Seite.

Avenad war zu uns getreten, und sie lächelte still in sich hinein. Sie fragte, ob die kleine Fee mich gestört habe, und ich war sicher, dass sie genau wusste, dass sie mich nicht gestört hatte. Wir lachten uns an, denn beide wussten genau, was in der anderen vor sich ging. Und so nahm ich den wunderbar duftenden Tee aus ihren Händen und genoss ihn, zusammen mit der Katze Fee und Avenad. Ich erfuhr, dass die Hüterin der heiligen Insel noch mit mir sprechen wolle, dass sie um meine Zweifel und Sorgen wisse. Sie wollte mir Antworten und Hinweise für mich und meine Familie geben, damit wir alle verstanden, dass alles im Moment so am besten war, wie es war. Denn man hätte uns vermutlich in unserer Heimat alle gnadenlos verfolgt, und so gingen die uns umgebenden

Freunde davon aus, dass es viel besser für uns und sinnvoller für die Mission sei, wenn wir hier blieben.

Viele Menschen hier wussten noch um die Ereignisse vor langer Zeit, wenn auch nur aus Erzählungen und Überlieferungen. Doch sie alle verband diese alte Verknüpfung und die energetischen Linien, die damals entstanden waren. Immer gab es Menschen, die die alten Mythen weitergaben und sie so erhielten. Das hatte nie aufgehört, auch wenn es hier in diesen Teilen der Erde oftmals kleinere Auseinandersetzungen gab. Avenad erzählte mir davon, dass für die Menschen hier die Botschaft und die Mission kostbar waren, und vielleicht war es auf lange Sicht gesehen sogar besser, dass diese Mission und die Botschaft nun erst einmal in diesen Bereichen Gaias gehütet und im geschützten Raum bewahrt werden würde.

Ich erzählte Avenad von den Männern, die bei meinem Sohn gewesen waren und von denen einige ihn im Stich ließen, als er verhaftet wurde. Und dass wir nicht wussten, wie diese Männer dort in Palästina weitermachen würden. Yeshua hatte ein derart großes Vertrauen in sich selbst und in seine Mission, dass er einfach nicht so denken konnte, wie die meisten Menschen denken, und dass er nicht erfassen konnte, was Menschen dazu bewog, sich so zu verhalten. Ich erzählte ihr davon, wie oft ich traurig war, wenn ihm wehgetan wurde und er dann zu mir kam und mich tröstete, denn er selbst hatte niemals so empfunden wie ich. Viele Menschen waren mit seiner nun verkörperten Größe vollkommen überfordert, und ich hatte das Gefühl, dass er durch sein Erscheinen den Menschen einfach zu viel abverlangte. Vielleicht waren sie schon lange nicht mehr in der Lage, dieses Geschenk überhaupt anzunehmen, oder sie wollten es vielleicht auch gar nicht, weil sie eigentlich alles richtig fanden, wie es war. Sie hatten sich einfach daran gewöhnt, benutzt und misshandelt zu werden, und so sahen sie in Yeshua und Magdalena vielleicht eher eine Belästigung und Störung in ihrem täglichen Einerlei.

Avenad hört mir schweigend zu, und zeitweilig sah sie sehr bedrückt aus. Sie erklärte mir, dass auch sie bereits oftmals darüber nachgedacht hatte, dass jeder Versuch, menschliches und spirituelles Bewusstsein zu erhalten und zu fördern, eigentlich sinnlos und zum Scheitern verurteilt wäre. Doch immer, wenn sie in solchen Grübeleien versunken war, geschah etwas, das ihr signalisierte, weiterzumachen. Entweder schaute ein Kind sie aus unbefangenen und strahlenden Augen an, oder ein wissendes Tier nahm mit ihr Verbindung auf. Oder eine Fee erschien aus heiterem Himmel, um mit ihr über all das zu sprechen. Das war für mich das Stichwort, und ich fragte sie nach Anumee. Avenad lachte und begann, mir von Anumee zu erzählen. Sie kannte sie schon ihr ganzes Leben lang, und so war es immer wieder Anumee, die für sie die lebendige, sichtbare und greifbare Brücke zu den Mythen bildete. Anumee war eine Verbindung zwischen den Menschen und dem Feenreich; es war ihr selbst gewählter Auftrag, denn auch sie stammte aus einer langen Linie von Feen, die bereits die Ereignisse auf Lemuria und Mu erlebt hatten. Und auf eine seltsame Art, die Avenad nicht kannte, standen die Feen mit den Hathoren auf der Venus in ständigem Kontakt.

Manche Menschen fürchteten die Feen, und es reichte, dass eine Fee erschien, um diese Menschen wieder auf den richtigen Weg zu bringen. Für die Menschen, die in einer liebevollen Verbindung zu den Feen stehen, hielten diese auch immer eine liebevolle Resonanz und Hilfe bereit. Und hin und wieder öffneten sie dann den Schleier und ließen Menschen hindurchschauen oder sogar hindurchgehen. Die Feen hüteten bestimmte Orte, die auch für Menschen zugänglich waren, und sie standen in einer engen Verbindung zu den heiligen Inseln. Ob die Insel wirklich eine Insel in einem Gewässer war oder ob sie in einer anderen Dimension existierte, wusste Avenad nicht zu sagen. Doch sie wusste schon immer, dass diese Insel ein wichtiger und heiliger Ort war und dass die Feen mit ihr in Verbindung standen oder sogar von dort kamen. Dass Anumee sich sofort gezeigt hatte und mir zwischenzeitlich zur Seite stand, hatte mit meiner Abstammung von den Hathoren zu tun. Und so würde Anumee sicherlich auch für die Verbindung zu der Hüterin der Insel für mich wichtig werden.

Eine diffuse Angst breitete sich in mir aus, und mein Magen zog sich leicht zusammen. Avenad bemerkte es sofort und schaute mich prüfend an. Ich brauchte etwas Zeit, um formulieren zu können, was dort in mir geschah. Und ich erklärte ihr, dass ich Sorge hatte, für die Verbindung zu den Feen, den Hathoren und der Hüterin der Insel meine Familie verlassen zu müssen. Mir war vollkommen klar, dass Magdalena und Yeshua gemeinsam mit Josef auch ohne mich ihren Weg gehen konnten, doch würde in mir das Gefühl zurückbleiben, sie allein gelassen zu haben, und ich würde sie sehr vermissen. Und sicherlich würde auch Elenia ihren Bruder und ihre Schwester, als die sie Magdalena empfand, mit der Zeit vermissen. An den Verlust der Kinder mochte ich gar nicht denken, sofort kamen mir die Tränen. Was würde aus diesen wunderbaren Kindern werden, diesen strahlenden Lichtern in einer sich verdunkelnden Welt?

Elenia kam zu uns, als hätte sie diesen Teil des Gespräches gehört, und die Katze auf meinem Schoß begann etwas lauter zu schnurren, so dass es wie ein zarter Gesang klang. Sie unterlegte das normale Schnurren mit dezenten Lauten wie einem feinen Glockenklang, und ich schaute sie verblüfft an. Wir drei Frauen lauschten einen Moment diesen zarten Tönen, die sich anhörten wie Sphärenmusik, und es fühlte sich an, als würde alles um uns herum in diesen Tönen mitschwingen. Avenad atmete tief ein und aus, und ihre Augen begannen erneut zu strahlen. Sie lächelte mich an: »Du hast wirklich die Gesetze der Göttin vergessen in all der Zeit, die Gesetze Gaias. Niemals würde eine Fee, eine Priesterin oder die Göttin selbst von dir verlangen, dass du dich von deiner Familie trennst. Sie alle wissen, dass das alles zusammengehört. Und es bist immer du selbst, die sich entscheidet, welcher Weg im Moment der richtige für dich ist, denn du ganz allein musst mit jeder deiner Entscheidungen leben können.« Avenad erklärte mir weiter, dass ich alles wunderbar miteinander würde verbinden können, denn es werde für alles gesorgt sein. Ich würde die Wege gehen, die für mich wichtig waren, ich würde zu meiner Familie gehen, wenn ich sie brauchte oder sie mich brauchte, und ich würde alles, was ich bereits kannte und wusste, in den Ländern des Nordens austauschen und verbreiten.

Hier, in diesen Bereichen Gaias, wurde niemals alles aufgeschrieben; das diente zum Schutz des Wissens und auch zum

Schutz der Lehrer und Lernenden. Und so gingen die Menschen, und auch Avenad, davon aus, dass ich mündliches Wissen mitzuteilen hatte und dort dieses Wissen erweitern würde. Sie alle freuten sich auf den Austausch mit uns, und sie waren sehr glücklich darüber, dass wieder einmal, nach so langer Zeit, eine weitere Meisterin unter ihnen war. Ich grübelte über das Gesagte nach, und ich begann mich an all die Heilmethoden, die Kräuterkunde, die Kristall-Energie-Lenkung und die Harmonisierung durch den Einsatz von Energien und Kristallen zu erinnern. Mir wurde bewusst, dass in mir vieles schlummerte, das weitergegeben werden sollte. Als ich mich von der Liege erhob, bemerkte ich erstmals meinen starken spirituellen Muskelkater, der sich durch meinen ganzen Körper zog. Ich reckte und streckte mich in einer bekannten Art und Form und atmete dabei tief ein und aus; ich wusste, dass das schnell vergehen würde. Doch nach derart vielen Verkrampfungen, die sich bei dem Ritual und in der nachfolgenden Zeit aus mir gelöst hatten, war es nicht verwunderlich, dass es mir so ging.

Elenia lachte mich an, denn sie wusste genau, was in mir vorging, doch hatte sie dieses tiefe Vertrauen und diese tiefe innere Ruhe, an der es mir oftmals mangelte, seitdem Yeshua geboren war. Nun war es erst einmal an der Zeit, sich liebevoll von allen Menschen in diesem zauberhaften Dorf zu verabschieden und zu unserer Familie heimzukehren. Rageda war bereits vor Tagen nach Hause gegangen, und so machten Elenia und ich uns nach dem Abschied voller Freude auf das nächste Wiedersehen auf den Weg, den wir inzwischen gut und sicher kannten. Es war ein leichter Dunst um uns herum, der aus einem feinen Regen entstand, und geschützt durch dieses diffuse Wetter kamen wir leicht und froh wieder bei unserer Familie an.

Dort wurden wir schon sehnsüchtig erwartet. Magdalena und Rageda hatten eine gute Mahlzeit für uns vorbereitet, und meine wunderbaren Enkelkinder kamen uns entgegengelaufen. Wie kostbar sie waren, diese zauberhaften Kinder, und welch ein wunderbares Strahlen von ihnen ausging. Immer wieder erfüllte ihr Anblick mein Herz mit Freude über diese zwei wunderbaren Mädchen, die trotz der Erlebnisse in unserer Heimat unbeschwert und voller Lebensfreude waren. Alle gemeinsam saßen wir um den Tisch, und es waren auch noch Freunde von Magdalena und Yeshua dabei. Wir erzählten von all dem, was wir erlebt hatten, und von all den wunderbaren Begegnungen, die stattgefunden hatten. Ich erzählte nur kurz von dem Ritual, denn ich dachte an die Worte Avenads, dass aus Gründen der Sicherheit in ihrem Land Wissen nur mündlich weitergegeben wurde. Magdalena, Yeshua, Josef und Sid bemerkten es sofort, doch sie waren diskret genug, es dabei zu belassen und nicht nachzufragen. Und all den anderen Menschen fiel es nicht auf. So war es gut, wie es war, und das Gespräch ging dann über zu den Wegen der Kinder, und vor allem zu dem Kind, das Magdalena erwartete. Ihre Augen leuchteten bei diesem Thema, und ein wunderbares Strahlen breitete sich um sie herum aus, das den ganzen Raum erfüllte.

Magdalena, Yeshua, Josef und Sid hatten vieles getan in diesen Tagen, und doch waren sie eng mit uns verbunden. Sie waren auch mit Avenad und all den anderen Menschen verbunden, denn es gibt eine Art der Verbundenheit, die nichts mit den begrenzten menschlichen Vorstellungen zu tun hat.

Diese Verbundenheit schwingt unendlich tief und unendlich hoch. Und für diese Art der Verbundenheit gibt es nur ein Wort: Liebe. Es ist die unendliche kosmische Liebe, die in vielen schwingt, die mit vielen anderen Seelen in Resonanz tritt und dann das Netz der Liebe aktiviert und hält. Diese Art der Liebe hat nichts mit persönlichen Bedürfnissen oder Gelüsten zu tun. Wahre Liebe ist erfüllt von Respekt und Achtung, von Demut und Dankbarkeit. All das sollte nun durch Magdalena und Yeshua wieder verbreitet werden, und ganz besonders durch ihre Kinder. Allein ihnen zu begegnen und sie anzuschauen, löste in den betreffenden Menschen und Tieren das in ihnen verborgene göttliche Potenzial aus. Das begann dann, sich auszudehnen und den erwachten Menschen zu erfüllen. Und so hatten bereits viele Menschen dieses Potenzial wieder in sich entdeckt und angenommen, und es wuchs weiter und weiter.

Die Tiere, die uns begegneten, waren da eher die Wissenden. Ebenso wie die kleinen Freunde, die Elfen und die Feen. Sie schauten uns alle ruhig und erkennend an, und oftmals sagte der Blick eines Tieres, dass es schön sei, dass wir nun endlich da seien. Manch ein Tier erschrak auch, wenn es bemerkte, dass es als göttliches Geschöpf angesehen und wahrgenommen wurde, denn es hatte in all der langen Zeit verlernt, so authentisch wahrgenommen und gesehen zu werden. Das Licht seiner Seele hatte sich durch Einsamkeit und Missbrauch verdunkelt, doch traten auch diese wunderschönen Seelen mit uns in Resonanz, sobald der Schlüssel aktiviert war.

All das waren Dinge, die meinen Enkelkindern beigebracht wurden, sowie sie in der Lage waren, es zu verstehen. So konnten sie sich unbeschwert und voller Freude auf alles einlassen, was ihnen begegnete, und es kam zu vielen wunderschönen Erlebnissen. Oftmals, wenn ich meinen Enkelkindern zusah, beschlich mich ein leises Bedauern, dass ich diese Phasen bei Yeshua nicht in dem Maße miterlebt und gefördert hatte, in dem ich es als seine Mutter hätte tun sollen. Meine Schuldgefühle und meine Selbstanklage waren fort, und dieser Mangel in mir war verheilt. Doch das leise Bedauern blieb, und ich fand es sehr gut so. Denn dieses leise Bedauern in mir würde mich achtsam sein lassen bei allen Müttern, die mir begegneten und die ich lehren würde. Das wusste ich, und ich war mir vollkommen sicher, dass ich es niemals wieder vergessen würde.

Bei Magdalena und ihren Kindern durfte ich dann miterleben, dass ein häufiges Beisammensein mit den eigenen Kindern sicherlich sehr erfüllend, aber auch sehr anstrengend sein kann. Und dass eine dauerhafte Mutterschaft für die Frau, die das leistet, eine absolute Herausforderung an ihre Vielfältigkeit und ihre Flexibilität darstellt. Magdalena selbst erlaubte sich wenig Zeit und Muße zum Verweilen, denn sie kannte ihre Ziele sehr genau und hatte sie fest im Auge. Dementsprechend gestaltete sich auch ihre Beziehung zu ihren Kindern. Im Hinblick auf die Kinder stellte ich mir oft die Frage, inwieweit diese Kinder nun Teil einer Mission oder eigene Individuen waren. Ich kann das bis heute nicht abschließend einschätzen, denn diese Kinder haben Geschichte geschrieben. Wären sie aufgewachsen wie vollkommen normale und entspannte Menschenkinder, wäre sicherlich vieles anders gelaufen. Ob es das besser gewesen wäre oder nicht, vermag nur die Zeit zu zeigen, und wenn ich in den Zusammenhängen von Zeit rede, so sind da lange Zyklen zu beachten und spontane Entscheidungen nicht angebracht.

Ich selbst habe in dieser einen Inkarnation unendlich vieles über das Menschsein lernen dürfen und selbst erlebt. Und all dies Erlebte hat mich mehr und mehr zu der werden lassen, die ich heute bin. Damit meine ich nicht den Status einer aufgestiegenen Meisterin, sondern meine Seele, die in tiefer Liebe und tiefer Verbundenheit zu der weiblichen Kraft in ihrer machtvollen und wunderbaren Schönheit schwingt, die ich auf und durch Gaia verwirklicht sehe, in vielen Frauen, Männern, in der Tier- und Pflanzenwelt und in den Reichen der Mineralien, die voller Hingabe und Liebe behütet und gepflegt werden von den kleinen Freunden, den Devas, den Elfen und den Feen. Und an deren Seite stehe ich, jederzeit und immer, und begleite alle Phasen des spirituellen Wachstums aus ganzem Herzen und mit meiner ganzen Liebe, denn ich sehe in jedem von ihnen diese tiefe Liebe zur Schöpfung, die Gaia ist. Und aus genau dieser Liebe heraus kann Neues und Wunderschönes entstehen. Ich bin eine Hathor, und so habe ich immer wieder die gleiche Botschaft für die Menschheit und für Gaia. Es ist eine Botschaft der Liebe, des Friedens und der Weisheit.

Diese Liebe war mein stärkstes Motiv, Yeshua die damalige Inkarnation zu ermöglichen und ihn zu begleiten. Und diese Liebe war auch mein Motiv, mich zutiefst verbunden zu fühlen mit Elenia, mit Magdalena und natürlich mit den wunderbaren Enkelkindern. Verbindungen, die so tief waren, dass sie nicht trennbar waren und allem standhalten konnten, was wir erlebten, und auch allem, was wir immer noch erleben und begleiten. Und so war mir auch meine tiefe Verbundenheit mit meinem Mann und Partner Josef vollkommen vertraut; wir wussten beide, warum und wofür wir inkarniert waren, wir kannten uns aus früheren Inkarnationen und auch aus den anderen Dimensionen. Für mich war es vollkommen natürlich und normal, Teil des »göttlichen Plans« zu sein,was auch immer darunter zu verstehen war. Und für mich war es vollkommen natürlich, als Frau und als Mensch die Wege zu gehen, die für mich vorgesehen waren.

Es bedurfte keiner Erklärungen zwischen uns, und niemals vieler Worte. Die Verbundenheit des spirituellen Seins war vollkommen ausreichend und erfüllend für das Leben, das wir damals gemeinsam in der vermeintlichen Getrenntheit lebten. Stets bewegten wir uns in den Strahlen und unter dem Schutz der Engel, die unseren Weg in ihrem göttlichen Licht begleiteten und uns hielten. Was ich nicht wusste, war, was es mit dem »freien Willen« der Frau auf sich hatte. Da ich als Meisterin in das Menschsein aus den spirituellen Ebenen heraus inkarniert war, erschien mir nichts so natürlich, wie den vorgegebenen Weg zu gehen und immer dafür zu sorgen, in der Verbundenheit zu bleiben. Das Geschehene als Mensch und Frau dann auszuhalten und zu verarbeiten, hielt ich für meine Bestimmung, die angeblich mit meinem »höheren Willen« in Einklang stand, auch wenn ich diesen nicht immer darin erkannte. Ich hatte bis zu diesem Zeitpunkt nicht gelernt, dass ich einen eigenen Willen haben sollte, durfte und konnte, und dass ich aus diesem ganz frei und unabhängig entscheiden konnte, welche Wege ich als Mensch gehen wollte und welche sich für mich richtig anfühlten.

Mir war Josef »zugeteilt« worden, und ich war damit einverstanden. Wir wussten jederzeit, dass für uns gesorgt war. Und erschien uns mancher Weg auch beschwerlich, so hatte uns doch das Abenteuer Leben in seine Arme genommen, führte uns und ließ uns wachsen und reifen.

Denn ich hatte vor vielen Jahren eine Entscheidung getroffen, die wegweisender für mich wurde, als ich jemals gedacht hatte. Diese Entscheidung hieß Elenia, und so hatte ich mich bereits damals dort in Palästina für meine Seele und für mein Herz entschieden, denn Elenia war durch und durch eine Tochter der Göttin, zutiefst verbunden mit Gaia in einer derart tiefen Liebe, die ich erst durch sie in einem solchen Ausmaß kennenlernen und erfahren durfte. In dem Land, aus dem ich gekommen war, war die Göttin schon seit langer Zeit, seit dem Untergang von Atlantis und bereits davor, verloren; doch in dem Land, in welches ich gekommen war, war die Göttin zu Hause. Zu finden in jedem Baum, in jedem Stein, in jeder Blume. In den Wolken am Himmel, in dem Regen, und in dem wunderbaren Gras unter meinen Füßen. Hier, in Frankreich, begannen die Erinnerungen an Lemuria wieder zu erwachen, ich spürte tief in meiner Seele und meinem ganzen spirituellen Sein wieder Gaia selbst. Und die ganze Schöpfung um mich herum half mir auf meinem Rückweg, in all ihrer wunderschönen Vielfalt und Ausdruckskraft.

Im Laufe der Zeit wurde mir klar, dass es genau das Leben im Sein auf Gaia ist, was ich immer gesucht hatte. Denn nur hier konnte ich lösen und erlösen, was ich für mich und in meinem menschlichen Sein erlösen wollte. Und so begann ich, mich in Frankreich auf den Weg zu machen – zurück nach Avalon, zurück zu den Tempeln, zurück zu mir.

16

Meine Entfaltung

Alles pendelte sich ein, wie Yeshua es geplant hatte, und Josef war ihm ein unermüdlicher Beistand und Helfer. Für Yeshua schien es nicht sehr bedeutsam zu sein, dass sein Projekt nun an einem ganz anderen Ort verwirklicht wurde, als er es sich vorgestellt hatte, denn er stellte sich schnell auf die Gegebenheiten in Frankreich ein und hatte seine Konzepte und seine Art des Lehrens in kürzester Zeit an die Menschen dort angepasst. Er war so erzogen worden, und es entsprach seiner Bestimmung, seinen Weg ganz nach seiner eigenen Vorstellung und seinen Plänen fortzusetzen. Dass Magdalena ein wesentlicher Teil seines Projektes war, war ihr Schicksal, das sie sich selbst ausgesucht hatte. Doch hatte sie zu der Zeit, als sie beschloss, zu inkarnieren und den Plan mitzutragen, nicht gewusst, was es bedeutete, eine Frau zu sein. Die Schwangerschaften fielen ihr leicht, und auch an ihren Kindern hatte sie eine unendliche Freude und Liebe. Sie liebte sie aus ganzem Herzen und ermöglichte ihnen alles, was irgend ging. Doch konnte auch sie nicht den Vater ersetzen, wenn dieser anderweitig zu beschäftigt war, und sie selbst war mit dem Lehren und dem normalen Frausein ebenfalls sehr ausgelastet.

So schwebte über jedem der Kinder von dem Moment ihrer Zeugung an ein Auftrag, eine Verantwortung und eine Last. Die Versorgung der Kinder stellte kein Problem dar, denn es waren zu jeder Zeit genug Menschen vor Ort, die sich der Kinder annahmen. Doch für mich wirkte vieles, was ich dort sah, wie eine Wiederholung von Yeshuas Leben, der aufgrund seiner eigenen Mission von Anfang an einen vorgezeichneten Weg zu gehen hatte. Das war bei Yeshua auch gut vorbereitet worden. Doch hier in Frankreich lief nun alles etwas anders, und einige der Kinder suchten sich Bezugspersonen außerhalb des Elternhauses.

Aus meiner Perspektive empfand ich das als sehr gesund und lebendig für meine Enkelkinder, die aber auf eine Art nie meine Enkelkinder waren. Jedenfalls nicht im menschlichen Sinne, denn sah ich hin und wieder eine ältere Frau mit einem ihrer Enkelkinder, beispielsweise bei der Kräuterernte, wurde mir deutlich bewusst, dass ich diese tiefe Beziehung zu keinem der Kinder hatte und zu keinem der Kinder haben konnte. Denn in unser aller Augen waren das Kinder mit einer Mission; sie waren die Fortsetzung einer Mission und somit keine normalen Kinder. Ich war sicher, dass die Kinder das spürten. Die beiden Mädchen hatten bereits die Flucht aus Palästina miterlebt und schon deutlich zu spüren bekommen, dass sie außergewöhnlich waren. Auch die anderen Kinder spürten das mit Sicherheit und integrierten es in ihr Verhalten.

Sie blieben immer zurückhaltend allen anderen Kindern gegenüber, sie gehörten nie irgendwo richtig dazu. Oftmals schmerzte es mich, das mit anzusehen, und oftmals machte es mich sehr nachdenklich, was ich da sah, spürte und erlebte. Doch da dieses Thema für Yeshua und Magdalena nicht wichtig war, sah ich für mich keine Handlungsmöglichkeit, und ich begann, mich emotional davon zu distanzieren. Ich war lediglich das Werkzeug gewesen, das Yeshua ermöglicht hatte, seine Mission anzutreten. Mein Auftrag war abgeschlossen und beendet. Alles Weitere würde das Leben selbst, die Göttin selbst, zeigen. Und ich hoffte, dass die Kräfte des Lichts sie alle weiterhin begleiten würden.

Die Kinder Yeshuas und Magdalenas waren da, und sie wuchsen auf in einer Welt, die nicht die Welt ihrer Eltern war. Und so erhielten sie ein Fundament, das nicht mit dem Fundament des Landes, in dem sie aufwuchsen, identisch war. Ich konnte nur hoffen und beten, dass diese Kinder alles gut würden integrieren können, denn sie waren auch in diesem Sinne besondere Kinder. Doch im menschlichen Sinne waren sie genauso entwurzelt wie ihre Eltern; Gäste auf Gaia, Fremde unter Fremden. Sie hatten nicht das alte Wissen Lemurias, sie waren keine Hathoren. Und so konnte ich hier nur als Zuschauerin und manchmal als Beistand für sie fungieren, denn eine tiefe Beziehung zu ihnen konnte ich zu dieser Zeit noch nicht fühlen. Die entstand erst, als ich selbst wieder frei und vollkommen ungebunden war, auf allen Ebenen meines Seins.

Doch es waren die Kinder ihrer Eltern, und so waren sie überall in dieser Schöpfung zu Hause, denn sie fanden dort eine Heimat, wo ihr Herz zu Hause war.

Für mich begann eine Zeit der Spaltung und der Trennung von der Familie, die mich bis hierher begleitet hatte, und der Unterschied zwischen einer tiefen Seelen- und Herzensbindung und einer Mission wurde mir in dem Leben als Miriam Merea mehr als deutlich. Und so begann ich, meinem Herzen zu folgen und mich dem Schwingen meiner Seele zuzuwenden. Ich begleitete meine Familie nicht mehr ständig, denn ich wollte dieses Land und diese Menschen kennen- und verstehen lernen. Und vor allem wollte ich der Göttin, die hier noch so wunderbar spürbar war, wieder näher kommen und sie in mir selbst wiederfinden. Hier konnte ich das tiefe Klingen meiner Seele spüren, und jede Zelle meines Seins trat in Resonanz mit der Schöpfung um mich herum. Hier fand ich die Feen wieder, die kleinen Freunde und Menschen, die genauso wie ich zutiefst mit Gaia verbunden waren und in dem Licht dieser großen kosmischen Energie erblühten. Dieses Licht geht nicht von Menschen aus; dieses Licht entsteht, wenn die Seelen in Einklang mit der Schöpfung schwingen, die Gaia ist, und dem Kosmos, von dem Gaia ein Teil ist.

Der Tanz der Planeten, die Töne und die Farben wecken das ganzheitliche Sein von Körper, Geist und Seele. Und so begann mein Lichtkörper, sich immer mehr zu integrieren, zu strahlen und zu schwingen. Mein Herz und meine Seele übernahmen die Führung, und so erlebte ich ein erfülltes Leben außerhalb der Familie, die im menschlichen Sinne meine Familie war. Doch ich fand eine Familie, die im Sinne meiner Seele und meines Herzens meine Familie war und blieb. Und so begann ich, gemeinsam mit Elenia, den Alltag so zu gestalten, das sich Magdalena helfen konnte, wenn es erforderlich war, und ansonsten meine Wege ging, die mich verstärkt zu Avenad und natürlich zur Priesterin und Hüterin der Inseln führten. Dort fand ich alles wieder, was ich aus Lemuria wusste, und dort fand ich die Verbindungen, die immer noch stabil waren und alle Zeit überdauerten.

Mit der Seelenfamilie bin ich bis heute verbunden, mit der aufgestiegenen Meisterin Angelika, die meine Tochter Elenia war, und mit Lady Portia, die mich dann weckte und erinnerte. Der Alltag rückte in meinem Bewusstsein immer weiter in den Hintergrund und verlor von Tag zu Tag mehr an Bedeutung. In der Traumzeit kam regelmäßig die Fee Anumee und zeigte mir die Wege auf, die ich in der alltäglichen Wirklichkeit finden und gehen würde. Die Geschichte des Landes, aus dem wir gekommen waren, verschwand immer mehr aus meiner Erinnerung, und der freigewordene Raum füllte sich mit dem Alltag und der Schöpfung um mich herum. Nur an manchen Tagen stieg noch die eine oder andere schreckliche Erinnerung in mir auf, doch die Missachtung der Göttin, die Missachtung des Weiblichen, der Frauen und Mädchen, die ich in jenem Land erlebt hatte, in das ich in diesem Leben geboren war, trat immer weiter in den Hintergrund. Ich wollte es nicht vergessen, doch wollte ich den Schmerz, der sich dort tief in die Erde verankert hatte, nicht mehr fühlen.

Und so ging ich wieder zu Avenad, um mit ihr darüber zu sprechen, und mich erwartete dort eine freudige Überraschung. Ich kam zu Avenads Haus, voller Freude und Leichtigkeit wie ein junges Mädchen, und betrat voller Schwung den großen Raum, in dem sich Herd und Sitzgelegenheiten befanden. Ich wollte Avenad überraschen und flog förmlich durch die Tür in den Raum – und stand vor Lady Portia, der Priesterin und Hüterin der heiligen Inseln. Diese lachte aus ganzem Herzen, als sie mein verblüfftes Gesicht sah, und begrüßte mich warm und liebevoll. Avenad hatte am Herd zu tun und bereitete dort ein Mittel für die Tiere des Dorfes. Auch sie ruhte, wie immer, vollkommen in sich und füllte den Raum mit ihrer harmonischen und präsenten Ausstrahlung.

Die Hüterin der Inseln forderte mich auf, es mir gemütlich zu machen und brachte mir ein Getränk zur Erfrischung. Sie fand es großartig, dass ich gekommen war und bat mich, aus meiner Heimat zu erzählen. Eigentlich hatte ich das nicht gewollt, doch war mir klar, dass die Hüterin wissen musste, was wir erlebt hatten, und zwar jedes Detail. Sie war mit uns immer energetisch verbunden gewesen, doch wusste auch sie, das die dunklen Kräfte weiter versuchen würden, die Oberhand zu gewinnen. Und zu der Erleichterung, dass wir erst einmal in Sicherheit waren, gesellte sich die Achtsamkeit und Aufmerksamkeit, um auch hier den größtmöglichen Schutz für diesen Teil Gaias aufzubauen und zu erhalten.

So erzählte ich ihr alles, was wir erlebt hatten, und ich erzählte ihr auch von den schrecklichen Tagen, als mein Sohn Yeshua inhaftiert war. Und irgendwann stellte mir Lady Portia die Frage, wann ich denn nun eigentlich meine Kraft und meinen ganz eigenen Willen abgegeben habe. Ich erschrak bei dieser Frage, und irgendetwas in mir weigerte sich, sie ganz zu verstehen. Mein Herz begann heftig zu schlagen, und mir war sofort klar, dass da mehr aktiviert worden war, als es normalerweise bei einer derartigen Frage geschehen sollte. Und so begann sie mit mir ganz in Ruhe meine Vergangenheit in diesem Leben anzuschauen. Ich erzählte ihr von meinen Eltern, wobei mich sofort ein liebevolles und warmes Gefühl durchströmte. Dann erzählte ich ihr von dem Tempel, in dem ich von Anfang an gelernt hatte und in dem ich später lebte. Bereits während des Gespräches wurde uns klar, dass ich bereits mit der Hingabe an den Tempel meinen ganz eigenen Willen und meine ganz eigene Kraft an diesen Tempel abgegeben hatte. Ich war dort zu einem Werkzeug, einem Relikt, geworden, ohne es überhaupt bemerkt zu haben.

Ich konnte mich an Zeiten erinnern, in denen ich den anderen Frauen im Tempel gegenüber das Gefühl hatte, etwas ganz Besonderes zu sein, weil ich Teil des großen Schöpfungsplanes war. Meine Bedürftigkeit hatte mich zum Spielball für den Plan werden lassen. Dieser Gedankengang machte mir vieles bewusst. Und doch wusste ich, dass ich damals und auch jetzt noch überzeugt davon war, das Richtige zu tun. Die ausweglose und verzweifelte Situation der Menschen in Palästina, und ganz besonders die schreckliche Situation der Frauen dort, hatte mich zum Werkzeug werden lassen; doch auch all das, was vorher gewesen war, und auch mein Sinn für die Schönheit und Vollkommenheit dieser Schöpfung, in Einklang mit allem was ist.

Ich hatte die tiefe Hoffnung in mir, dass Yeshua wirklich diese Welt verändern und das Bewusstsein der Menschheit erwachen lassen könnte. Und ich hatte das tiefe Wissen in mir, dass er das auch wirklich konnte. Die große strahlende Seele eines Eingeweihten, vertraut mit dem gaianischen Universum und den Völkern der anderen Planeten. Ein strahlender, aus sich selbst heraus erfüllter und vollendeter Mensch, der sich aufgemacht hatte, diese Botschaft und diese Kraft, die jedem Menschen innewohnt, in ihnen zu wecken.

Und so ging ich, gemeinsam mit Lady Portia, noch einmal diese Stationen durch, fühlte noch einmal kurz meine tiefe Verzweiflung, meinen Schmerz, mein Entsetzen, um ein ganzes Stück mehr bei mir anzukommen und zu erkennen, dass ich mir selbst vollkommen vertrauen konnte. Ich erkannte, dass der Schmerz einfach dazugehörte zu diesen Erfahrungen, und dass er keinerlei Bedeutung mehr im Hier und Jetzt hatte. Ich hatte als Frau Wunderbares geleistet, indem ich mich der Herausforderung, einen Teil meines Lebens als Ehefrau und Mutter zu verbringen, gestellt hatte. Die Energie der Mutter hatte ich nun an Maria Magdalena abgegeben, die sie aus vollem Herzen und voller Freude erfüllte. Meine Tochter Elenia wünschte sich, kinderlos zu bleiben, denn sie wusste, dass ihre direkte Fortpflanzung nicht erforderlich war. Das Potenzial, das sie in sich trug und voller Liebe in die Schöpfung brachte, benötigte keine menschliche Genetik für ihren Erhalt. Sie wusste um die Artefakte in ihrem Lichtkörper und konnte diese jederzeit aktivieren. Elenia hatte die Göttin in sich niemals verloren und genoss es aus ganzem Herzen, ihr göttliches Potenzial in diese Schöpfung einzubringen. Sie war ein Bindeglied zwischen den manifestierten Welten der Mineralien, der Pflanzen, der Tiere und dem Kosmos. Und sie stand in dauerhafter, enger Verbindung zum Feenreich und der Anderswelt.

Etwas innerhalb der menschlichen Rasse zu verändern, ist nur ein Teil des menschlichen Seins; sich selbst vollkommen in die Schöpfung einzubringen und eine Weltenwanderin zu sein, ist Göttinnenbewusstsein. Yeshuas Inkarnation war erforderlich, um das göttlich-menschliche Potenzial zu stärken und wieder für Menschen zugänglich zu machen, die es seit Atlantis verloren hatten. Doch nicht alle Menschen hatten es verloren, und genau diese Menschen wurden nun zu meinen Vertrauten, Lehrerinnen und Heilerinnen. Diese Menschen, die alles tief in ihrem Inneren immer noch zur Verfügung hatten und die zutiefst verbunden sind mit allem, was Gaia ist, verfügen über den Zugang zu sämtlichen Aspekten der Göttin, die sich gemeinsam in der Schöpfung manifestiert haben und so diese Schöpfung zu dem Wunderbaren haben werden lassen, das sie bis heute ist. Diese Menschen, die vollständig verbunden sind, sind die Schamanen. Sie sind in ihrem Inneren vollkommen frei und ungebunden, und auf diesen Weg machte ich mich nun. Denn es war für mich an der Zeit, mich aus allen Abhängigkeiten und Bindungen zu lösen, die in der Vergangenheit meines Lebens als Lady Miriam Merea entstanden waren.

Für mich begann der Zyklus der weisen Alten, die frei und ungebunden in der Schöpfung steht und mit Mut und Willen ihren Weg geht. Den Weg zu der großen Göttin, um am Endes des Lebens wieder in diese als ein Teil der Ganzheit einzugehen. Ich machte mich auf den Weg, gemeinsam mit Elenia, nachdem ich mit den Menschen, die in meinem Leben als Miriam Merea meine Familie gewesen waren, alles besprochen und geklärt hatte. Zum Abschied vollzogen wir alle gemeinsam ein großes Abschieds- und Dankesritual, ein wunderbarer Brauch, den ich bis heute aus tiefstem Herzen für den Wechsel der Lebensphasen empfehlen kann. Ich wurde von meinem Sohn und meiner

Tochter aus der Rolle ihrer Mutter entlassen und als vollständige und ganze Frau, als personifizierter Ausdruck der Göttin, angenommen. Und auch ich entließ meine Kinder aus der Rolle meiner Kinder und erkannte sie vor allem als wunderbare erwachsene Menschen an, in vollständiger Selbstermächtigung, unabhängig und frei.

Auch der Mann, mit dem ich für die Kinder ein Ehepaar dargestellt hatte, entließ mich aus meinem Sein als Ehefrau, und ich entließ ihn aus seinem Sein als Ehemann. Meine Enkelkinder entließen mich aus der Rolle der Großmutter, und ich übergab sie Magdalena als ihre Kinder, die keiner Großmutter bedurften, denn sie hatten eine wunderbare Mutter. Um sie herum waren genug weise Frauen, die ihnen ihre Hände reichten. Und ich entließ meine Enkelkinder aus der Rolle der Enkelkinder, denn Kinder sind Kinder ihrer Eltern und gehören in deren Verantwortung und in die Obhut des Dorfes, in die Obhut der Gemeinschaft, in der sie leben.

Mit Magdalena führte ich ein Ritual für Priesterinnen durch, die nun unterschiedliche Wege gehen würden, da sie auch zu unterschiedlichen Zyklen und Teilen der Göttin gehörten. Wir ließen einander frei, in Liebe und Dankbarkeit. Und so war dieses Ritual mit Weinen und Lachen verbunden, mit Tanzen und Feiern. Ich tanzte und tanzte, mit anderen Frauen um das Feuer zum Klang der Trommeln, und je länger ich tanzte, desto größer wurde die Freude in mir über meine Freiheit. Und ich spürte, dass ich mich wieder in meine Kraft tanzte.

17

Abschied

Während der letzten Tage bei meiner Familie führten wir viele Gespräche über Sorgen, Ängste, Bedenken und die Zukunft. Für meinen Sohn Yeshua war vollkommen klar, dass es für mich an der Zeit war, zu gehen, und auch für meinen Mann Josef war alles genauso richtig, wie es war. Beide hatten von Anfang an gewusst, dass wir eine Familie »auf Zeit« gewesen waren und dass genau dieser Moment kommen würde. Wären wir noch in unserer Heimat, so wäre ich jetzt in den Tempel zurückgegangen, um den Rest meines Lebens dort mit den anderen Frauen zu verbringen. In diesem Land war ich frei und konnte hingehen, wohin ich wirklich wollte, bis ich als weibliche Energie in den blauen Strahl zurückkehren würde. Da eine Priesterin und Hüterin der Göttin niemals einem Mann untersteht, war ich für Yeshua und Josef in meinem Handeln vollkommen frei.

Ich führte viele Gespräche mit Magdalena, um alles zu besprechen, was hinsichtlich ihrer Kinder zu veranlassen war, denn diese würden nun überwiegend von den Frauen des Dorfes betreut werden, da Magdalena viel mit Yeshua auf Reisen war und viel damit zu tun hatte, andere Frauen zu lehren. Doch war inzwischen so viel Wunderbares entstanden, so dass sich dort keine Lücken in der Versorgung ihrer Kinder ergeben würden, und Magdalena war sich vollkommen klar darüber, dass all dies dazugehörte. Sie hatte sich bewusst für viele Kinder entschieden, um ihre Mission zu erfüllen, und so kümmerte sie sich auch jederzeit wunderbar um die Versorgung und Ausbildung ihrer Kinder. Ich war da nicht besonders wichtig, denn das Wissen, das ich aus dem Tempel mitgebracht hatte, war hier in Frankreich nicht erforderlich. Hier hatten die Menschen ein ganz breites und großes Wissen, das vollkommen frei, zugänglich und unmittelbar mit der sie umgebenden Natur verbunden war. Hier herrschte eine wunderbare natürliche Ordnung, die der Strukturen und dem Wissen unserer Heimat nicht bedurfte.

Wir, die wir aus einem anderen Teil der Welt gekommen waren, hatten unser Wissen aus diesem Teil der Welt mitgebracht. Es bestand kein Bedarf, es die Menschen hier zu lehren, bis auf wenige Ausnahmen. Und um die wenigen Ausnahmen konnte sich Magdalena wunderbar mit den Frauen aus dem Dorf dort kümmern. Dabei fiel ihr die schwere Aufgabe zu, zu entscheiden, welches Wissen überhaupt angebracht und nötig war, denn sie wollte die Menschen dort nicht von ihrer wunderbaren Lebensweise abbringen oder ihnen ihre Wurzeln nehmen. Es reichte, dass das unserer Familie geschehen war.

Ich wollte lernen, was diese Menschen hier so ganz natürlich wussten und die Hüterin der heiligen Inseln begleiten, um mit ihr gemeinsam herauszufinden, was von den alten lemurianischen und kosmischen Spuren noch außerhalb der Inseln und außerhalb der ihr bekannten Orte übrig geblieben war. Wir hatten uns ausreichend ausgetauscht, und nachdem mein vollständiges Erinnerungsvermögen zurückgekehrt war und ich wieder wusste, wer ich eigentlich in meinem reinen Sein bin, hatten wir meinen künftigen Weg gemeinsam mit Elenia und Magdalena besprochen. Elenia würde mit mir alle Wege gehen, die ich nun zu gehen hatte, und Magdalena würde bei Yeshua, Josef und den Kindern bleiben. Magdalena war inzwischen nur allzu deutlich geworden, dass das Frauenleben, das sie gewählt hatte, wahrlich kein unbeschwertes und leichtes war. Ihr und uns standen zwar genug Möglichkeiten der schnellen Energiegewinnung zur Verfügung, doch sie kam hin und wieder an ihre körperlichen Grenzen.

Und Yeshua war einfach ein Eingeweihter; er erfüllte aus ganzem Herzen seine Mission, zeugte Kinder und lehrte. Ihm fiel oftmals gar nicht auf, dass Magdalena erschöpft, müde und voller Sehnsucht nach ihm war. Er stand in seinem wunderbaren Licht, in seiner Sonne, und nahm jeden Menschen und jedes Geschöpf voller unendlicher Liebe an, das seiner bedurfte. Und da viele Menschen von ihm angezogen wurden, nahm er sich vieler Menschen an; und so blieb oftmals sehr wenig Raum und Zeit für Magdalena und seine eigenen Kinder.

Wo immer er war, sprach er von den leidenden Menschen unserer Heimat, und besonders von den gepeinigten Frauen und Kindern. Er verschwendete keine Gedanken daran, dass diese Menschen lachend zugesehen hatten, als er gekreuzigt wurde. In seiner Welt war kein Platz dafür, er beschäftigte sich einfach nicht damit. Und ich, als seine

Mutter in diesem Leben, dachte oftmals, dass er nicht mehr hätte strahlen können, wenn er das so an sich herangelassen hätte, wie wir es erlebt, gefühlt und gesehen hatten. Diese Fassungslosigkeit, die sich in mir ausgebreitet hatte, als mir das bewusst wurde, nahm er überhaupt nicht wahr. Denn auch ich war für ihn nichts anderes als ein Teil seiner Mission, doch war mein Teil nun erfüllt und mein Vertrag mit ihm abgeschlossen.

Josef hatte Magdalena, Elenia und mir das alles auf der Schiffsreise erklärt. Es war von Anfang an so geplant gewesen, dass Yeshua sich nicht so tief einlassen würde, damit die Mission nicht gefährdet wurde. Josef hatte das alles gewusst, und auch er hielt sich konkret und genau an den Plan. Keiner von beiden, weder Yeshua noch Josef, hatten auch nur die geringste Ahnung davon, was das alles in einer Frau auslöste. Als ich nun vorerst Abschied nahm, spürte ich, wie gut es mir tat, endlich zu gehen. Ich hatte, gemeinsam mit Magdalena, bereits vieles von dem Schmerz bearbeitet, der sich in mir ausgebreitet hatte, als Josef das alles erzählte. Ich kam aus einem Land, in dem die Göttin verjagt und ihre Kinder getötet worden waren. Und ich hatte mit meinem Tun die Hoffnung in mir genährt, das liebevolle und weise Licht der Göttin in die Menschheit zurückbringen zu können. Ich hatte mich damit getröstet, dass es unendlich vielen Frauen so ergangen war, die einfach benutzt worden waren. Und so zeigte die spätere Zeit, dass wir dazu beigetragen hatten, die Göttin auch noch dort zu vertreiben, wo sie zu dem Zeitpunkt, als wir dort ankamen, noch vollständig geehrt, gewürdigt und geliebt wurde. Das alles zeigte sich, zu meinem Entsetzen, erst 1500 Jahre später.

Ich wollte nun, aus meinem freien Willen heraus, meine Reise antreten, um zumindest meinen Enkelkindern bei meiner Rückkehr etwas von dem Wissen weitergeben zu können, das ich gemeinsam mit der Hüterin der heiligen Insel und Elenia wiederfinden durfte. Und so hatte ich eine Tochter an meiner Seite, die mir zu jeder Zeit eine wunderbare Tochter und Vertraute war. Sie tat alles, was sie tat, nicht aufgrund einer Mission, sondern aus reiner Liebe, aus bedingungsloser Liebe zu dieser wunderbaren Schöpfung. Sie hatte es in sich, und sie lebte es. Sie brauchte niemanden zu missionieren und niemanden zu lehren. Sie war, wer sie war, und genau das lehrte mich am meisten über die Göttin und über ihre ungebrochene Kraft und Macht.

Die große Göttin ist die weibliche Schöpferinnenkraft, unbezähmbar und kraftvoll aus sich selbst heraus. Und keine irdischen Worte können sie auch nur annähernd beschreiben, geschweige denn erfassen. Wer ihr wirklich begegnet, braucht kein Ritual mehr, denn dann wird alles reines Spüren. Sie hat sich manifestiert in allem, was ist. Sie zeigt sich in allen Aspekten der Weiblichkeit, und das sind wahrlich unendlich viele. Und so wohnt sie in jeder Frau, in jeder Wölfin, in jeder Bärin, in jeder Kuh, in jeder Stute. Sie lebt und ist in allem, was ist; sie ist alles, was ist. Und nur sie wird entscheiden, was aus der Menschheit wird. Denn alles, was ihrem Zugriff unterliegt, gehört ihr.

Und so machte ich mich auf, sie wiederzufinden, und Elenia und ich gingen voller Freude auf unsere Reise. Der erste Teil war der Weg in Avenads Dorf, denn dort würden wir einige Tage verbringen, bis eine Priesterin der heiligen Insel käme, um uns abzuholen. Unsere Ankunft in dem Dorf wurde von allen freudvoll begrüßt, und so verbrachten wir einen fröhlichen und unbeschwerten Abend mit Tanzen und Lachen. Es brannte ein wunderbares Feuer mitten im Dorf, und alle waren ausgelassen und voller natürlicher Freude. Die Kinder spielten und liefen um uns herum, hatten sie sich doch schon lange an uns, die Fremden aus einem fremden Land, gewöhnt, und sie begegneten uns mit natürlicher Lebensfreude. Der Abend wurde lang, und irgendwann beschlossen wir, frei und gelöst, schlafen zu gehen, um dem morgigen Tag voller leichter Anspannung und Neugier entgegenzusehen. Elenia wirkte vollkommen entspannt, wie immer, und mir war klar, dass sie das alles entweder bereits vorausgesehen hatte oder einfach wirklich derart in sich ruhte, dass nichts sie ernsthaft erschüttern konnte. Auf dem Weg zu Avenads Haus blieb sie einen Moment stehen und schaute zu dem sommerlichen Sternenhimmel auf, ihre Augen waren erfüllt von einer tiefen Sehnsucht. Ich versuchte, ihrem Blick zu folgen, doch gelang es mir nicht. Und da ich sie in ihrer Tiefe und Stille nicht stören wollte, stellte ich auch keine Fragen. Ich blieb einfach ein Stück von ihr entfernt stehen und fragte mich einmal mehr, was wohl nun gerade in dieser wunderbaren jungen Frau vor sich gehen mochte und wo die Heimat ihrer Sehnsucht war.

Als wir uns schlafen gelegt hatten, fragte ich sie, denn wir waren allein und ich hatte das Gefühl, dass der Zeitpunkt auch für Elenia richtig sein könnte. Sie erzählte mir etwas von den Lichtern der Planeten und von den Strahlen, die von Zeit zu Zeit einen direkten Kontakt zu Gaia aufbauen würden. Auf diesen Strahlen würden die Seelen, die auf

Gaia etwas zu tun hatten, von dem jeweiligen Planeten zu Gaia reisen, und sie würden so lange dort bleiben, bis der Strahl, der sie wieder nach Hause bringen würde, sie wieder mit ihrer Heimat dort draußen im Universum verband. Ich war erschüttert über diese klare Aussage, denn sie zeigte mir, dass Elenia nie vergessen hatte, wer sie war und woher sie gekommen war, und sie machte mir einmal mehr klar, an wie viel ich mich noch erinnern musste. Ich fragte nach, woher sie das alles wüsste, und sie sagte, sie wisse es einfach. Sie würde wissen, wann der Strahl für ihre Heimreise bereit wäre, und es rechtzeitig genug von den Feen erfahren, um sich ausreichend vorbereiten zu können, um sich innerlich von allem zu lösen, was sie dann noch mit Gaia verband. Nur von Gaia selbst würde sie sich niemals ganz lösen, bis Gaia wieder vollkommen die wäre, die sie damals zu den Zeiten Lemurias war. Das sei damals ihr Versprechen an Gaia gewesen, und in dem Moment fiel es auch mir wieder ein. Ich hatte zu den atlantischen Zeiten Gaia verlassen, weil ich nicht bereit war, die atlantischen Zustände mitzutragen und mit meiner Energie zu nähren. Doch stand auch ich in meinem Versprechen zwischen Gaia und dem, was ihr heute die weiße Bruderschaft nennt, und so war ich wieder bei ihr und fest entschlossen, ihr eine große Hilfe bei all dem zu sein, was die Menschheit erwartete. Ich schlief ein in der Gewissheit und mit dem tiefen Gefühl, aufgehoben und geborgen zu sein, und dass alles genauso richtig war, wie es war.

Diesen Kindern, Yeshua und Elenia, ihre Inkarnation auf Gaia zu ermöglichen und damit der Menschheit zu helfen, einen klaren und weisen Weg zu gehen, war ein Teil des Zwecks meines Lebens als Lady Miriam Merea. Es ging in diesem Leben noch um vieles mehr, was ich für Gaia bereithielt, doch dessen war ich mir zu diesem Zeitpunkt noch nicht bewusst. Es sollte sich in den nächsten Jahren zeigen, und ich wusste, ich hatte nun vieles wieder zu erwecken und zu lernen. Irgendwann in dieser Nacht spürte ich die Anwesenheit der wunderbaren Katze, die sich an mich rollte, und als ich am nächsten Morgen erwachte, lag vor meinem Bett der kleine Hund, der sich am Hafen bei unserer Ankunft auf meine Füße gesetzt hatte. Mich durchfuhr eine Ahnung, zu wem dieser kleine Hund gehörte.

Ich lag auf meiner Schlafstatt und dachte über vieles nach, das sich in der Vergangenheit zugetragen hatte. Meine Gedanken wanderten rückwärts durch mein Leben als Lady Miriam Merea, Mutter des Yeshua. Ich ahnte zwar noch nicht, was später daraus gemacht werden würde, doch allein das bereits Erlebte war es wert, einmal in Ruhe angesehen zu werden. Die Rituale in dem Tempel meiner Heimat fielen mir ein, in denen viele Mädchen bereits auf etwas vorbereitet wurden, was ihr heute als Missbrauch bezeichnen würdet. Auch ich hielt es damals für eine Selbstverständlichkeit, die Mutter eines Eingeweihten zu sein und meinen Körper zur Verfügung zu stellen, damit er als Mensch geboren werden konnte. Niemals hatte ich darüber nachgedacht, ob ich mir ein anderes Leben gewünscht hätte. Ein Leben, wie Avenad es führte. Mein Raum dort in meiner Heimat wies bereits von meiner Geburt an einen bestimmten Radius auf, der alles in eine Richtung lenkte. Ich selbst war Mensch geworden, Frau geworden und aus dem blauen Strahl El Moryas heraus inkarniert, mit einer klaren Absicht und einem tiefen Wissen, das auch mir als Eingeweihter immer zugänglich war. Es war für mich richtig, die Frau zu sein, in der Yeshua seinen Körper manifestieren würde, denn ich wusste um meinen meisterlichen Auftrag und um das Leid auf Gaia, das Leid der Menschheit. Erinnerungen stiegen auf in mir, nahmen sich ihren Raum, wollten angesehen werden und wieder gehen. Mit all den Erinnerungen kamen Tränen, kam Lachen, kam Schmerz und kam Freude.

Meine Erinnerungen gingen weiter zurück, und ich fragte mich, warum es eigentlich immer die Frauen und die Mädchen waren, die geopfert wurden? Warum war es immer noch nötig, dass so etwas wie in Jerusalem geschah, und warum war es immer noch nötig, der Menschheit beizustehen und zu ihrem Wohle und zu ihrer lichtvollen Entwicklung einzugreifen? Meine Erinnerungen wanderten zurück bis nach Lemuria, bis zu dem Anfang, der für die Meisterinnen und Meister der Anfang war.

In mir stieg ein unendlicher Schmerz auf, als ich mich an die Verfehlungen und Verstrickungen erinnerte, die auf Atlantis begonnen hatten, und als ich daran dachte, dass ich auf Mu gelebt hatte, wo mir meine wunderbare Tochter von den Machthabern weggenommen wurde, weil sie in den Tempeln dienen sollte. Mir war gesagt worden, sie sei wichtig und hätte einen göttlichen Auftrag, und so solle sichergestellt werden, dass sie entsprechend aufwuchs und eine entsprechende Erziehung erhielt. Niemals hatte ich das verziehen oder vergessen; umso weniger, als ich nach Jahren des Schmerzes und der Trauer hörte, dass diese Tochter ihr Leben freiwillig beendet hatte, dort in den Tempeln auf Atlantis. Und ich erinnerte mich, dass sie damit konsequent für sich selbst eingetreten war, furchtlos und klar.

Damals war auch ich zurückgegangen in die Dimensionen der Meisterinnen, zu den Tempeln des Lichts.

Derjenige, dem ich als Frau und Priesterin damals nicht verziehen hatte, war derjenige, dessen Mutter ich nun in dem Leben als Lady Miriam Merea war. Und so hatte dieses Leben, in dem ich ihn begleitet habe, mir geholfen, ihm das alles zu vergeben, was damals geschehen war, und so mein Herz und meine Seele zu heilen. Auch die Seele, die auf Mu meine Tochter war, war mir von der Ebene der Meisterinnen gefolgt, um mich nun in diesem Leben zu begleiten. Voller Dankbarkeit und Liebe wanderten meine Gedanken zu Elenia und Yeshua, und eine tiefe Freude breitete sich in mir aus. Tränen liefen über mein Gesicht, und diese wunderbare Katze kam näher und legte sich auf meine Brust, um mein schmerzendes Herz mit mir gemeinsam zu heilen. Der kleine Hund lag nun an meinen Füßen und schaute mich mit seinen wunderbaren, wissenden Augen an. Und ich versank in seinen Augen und in dem leisen Schnurren der Katze.

In meinem Kopf entstand eine Frage, und ich vermochte nicht zu unterscheiden, ob sie von dem Hund, der Katze oder von mir kam. Wann begann das Frauenopfer? Warum werden immer Mädchen und Frauen geopfert? Warum sind Mädchen und Frauen nicht frei im Lichte der Göttin? Welche dunkle und üble Macht hatte sich derart gegen alles Weibliche gewandt, dass all das geschehen konnte, und Gaia derart litt? Was war dort, wo ich in diesem Leben geboren war, geschehen, dass alles verdorrte und Gaias natürliche Lebenskraft, Schöpferinnenkraft und Freude dort kaum noch zu spüren war? Kurze Schreckensbilder stiegen in mir auf, Bilder von flüchtenden Menschen, sterbenden Tieren, Bäumen und Gewässern. Alles in mir zog sich zusammen, als ich schrille und abstoßende Töne hörte und etwas auftauchte, das den Himmel verdunkelte und alles in seinem Umfeld starr und leblos werden ließ.

Ich unterbrach diese Informationen willentlich, denn ich wusste, ich würde sie nicht aushalten können, und es wäre besser, ich würde diese Erinnerungen Gaias, die in meinem Körper gespeichert waren, gemeinsam mit anderen Frauen in einem sicheren Rahmen freisetzen und sie dort halten können. Ich atmete tief durch und begann, wieder die Katze zu streicheln, die sofort mit einem lauteren Schnurren antwortete. Draußen war die Sonne aufgegangen und es wurde hell. Der kleine Hund sprang auf und lief voller Freude durch die Tür, die einen Spalt geöffnet war, in einen anderen Raum. Ich reckte mich, setzte sanft die Katze von meiner Brust und erhob mich, um dem beginnenden Tag mit allem, was er für mich bereit hielt, entgegenzutreten. Ich machte mich auf meinen Weg, um die tiefen Elemente- und Kräfte-Einweihungen zu erhalten. Ich machte mich auf meinen ganz eigenen Weg, um den blauen Strahl und die Liebe der Hathoren erneut mit Gaia zu verbinden und dieser Schöpfung zugänglich zu machen. Ich wusste, ich würde gefordert und geführt werden, und ich wusste, dass ich nun eine Entscheidung aus meinem freien Willen heraus getroffen hatte; als Meisterin, und auch als Frau. Ich lernte und lehrte und wurde mehr und mehr zu einer weisen alten Frau, einer kraftvollen Göttin.

Doch all das fand später statt. Ich werde dir erzählen, wie mein Weg weiterging, nachdem ich in Avenads Haus zurückgekehrt war, um von dort aus meinen nordischen Einweihungsweg zu gehen. In mir wirkte die tiefe Sehnsucht nach dem strahlenden Licht der Tempel und der unendlichen Liebe und Kraft der Göttin. Und ich wusste, dass irgendwo weit im Norden Avalon war, das mich rufen und aufnehmen würde, wenn die Göttin die Zeit für gekommen hielt.

Auch mein Sohn wusste das, und so ließ er mich gehen, ohne Schmerz und Last, denn wir waren jederzeit in der Lage, uns miteinander zu verbinden, wenn wir es für erforderlich hielten. Ich wusste um die Zyklen und die zeitlichen Rhythmen, die auf Gaia die Ordnung der Wandlung durch Leben und Sterben bestimmten, und so wusste ich auch, dass mein Lichtkörper unsterblich war. Doch noch einmal die folgenden Wege auf Gaia zu gehen in der menschlichen Körperlichkeit, die Elemente zu spüren und mit den Sinfonien der Einheit zwischen meinem und Gaias Körper zu schwingen, wurde zu einem wichtigen Ziel. Das Durchlichten meines physischen Körpers und die Möglichkeit, die kosmischen Energien hindurchzuleiten und in den physischen Körper Gaias einzubringen, war etwas, was ich immer sehr geliebt habe. Jeder Schritt und jeder Fußabdruck kann so zu einer Botschaft von Heilung, Frieden und Liebe werden, und genau das wollte ich tun, wollte ich spüren, wollte ich erleben.

Es war mein tiefer Wunsch und meine tiefe Sehnsucht, dass jede Entwicklung und Verfeinerung meiner Körper, im Einklang mit den Botschaften der Erde und der wunderbaren Feen, einen Weg der Heilung, des Friedens und der Liebe erschaffen würde. Ich hoffte, damit für diese wunderbaren Menschen der nordischen Länder meine Dankbarkeit und

Wertschätzung manifestieren zu können, denn auch das war mir ein tiefes Bedürfnis. Ich wusste, ich würde wissen, wenn es so weit wäre, nach Avalon zu gehen, und ich wusste, dass ich viele Wege gehen würde, bis dieser Ruf kam. Ich war voller Freude auf diese Reise und die Erfahrungen, die ich machen würde, und auch auf mich selbst. Ich wusste, dass es mir auf allen Wegen gut gehen würde, doch wusste ich nicht, was mich genau erwartete und wie ich damit umgehen würde.

So bekamen Elenia und ich von Lady Portia eine erfahrene Führerin an unsere Seite, die sich in dem Land, mit den Menschen und mit der Natur auskannte. Diese Frau war oft, gemeinsam mit Lady Portia, im Lande unterwegs, wenn sie nicht auf Avalon war. Und so lernten Elenia und ich auf unserer Wanderung noch viele wunderbare Menschen kennen, konnten bereichernde Verbindungen aufbauen und wertvolle Erfahrungen sammeln. Unsere Begleiterin stellte sich als Sela vor. Mehr sagte sie nicht über ihren Namen, und Elenia und ich spürten, dass sie nicht weiter über sich sprechen wollte. Ich wusste von Lady Portia, dass Sela in ihrer tiefen Verbundenheit zu der Erde, den Sternen und den einzelnen Elementen in der Lage war, meinen Weg so zu leiten, dass ich all das erleben und erfahren würde, was ich so sehr ersehnte.

Natürlich konnte ich mich jederzeit mit den Kräften des Lichts und ihrem wunderbaren Netz verbinden, doch übten das hiesige Land und seine Kultur eine geradezu magische Anziehung auf mich aus. Seit Mu hatte ich keine solchen Menschen mehr erlebt, die so frei und gleichzeitig so verbunden waren, die aufgingen in ihrem Sein, ihr menschliches Leben so wertschätzten und so voller Stolz, Liebe und Gradlinigkeit ihrem Lebensweg folgten. Die Liebe, die mein Sohn und ich in einem anderen Kulturkreis wieder einpflanzen wollten, war hier im Überfluss vorhanden. Ein freiheitliches, liebevolles Netz des Miteinanders verband Dorf um Dorf, getragen von Menschen, die sich zwischen den Dörfern bewegten, und getragen von all den Mitgeschöpfen, die Botschaften mit sich trugen und sangen und von den weisen Menschen jedes einzelnen Dorfes verstanden wurden. Überall, wo Elenia und ich uns bewegten, war dieses Netz zu spüren. Es erinnerte mich sehr an das kosmische Netz der Kräfte des Lichts, und mir wurde im Laufe der Zeit immer klarer, dass es hier noch tiefe, lichtvolle Wurzeln aus den Zeiten Lemurias gab und dass ich ihnen folgen wollte.

Wir alle hatten den Sinn und das Ziel unserer Inkarnation nicht vergessen. Auch wenn vieles anders gekommen war, als wir es geplant und erhofft hatten, so hielt diese wunderbare Schöpfung auch für uns alle sehr viel Schönes und Liebevolles bereit. Das innere Ziel und das innere Wissen sind etwas, das unabhängig von den äußeren Umständen in jedem von uns zutiefst spürbar blieb. Unabhängig davon, wo meine Füße gingen, und unabhängig davon, welche Menschen bei mir waren, ließ das Licht meiner Seele sich nicht verändern. Was ich immer für diese Schöpfung empfand, war etwas Elementares, was nicht veränderbar war. Diese tiefe Liebe war immer in mir und schwang vom ersten Augenblick an in Einklang mit der Weltenseele Gaia. Und diese Liebe blieb auch in meinem damaligen Leben und ist unverändert bis heute gültig und wirksam. Diese Liebe kam unvermindert aus der ganzen Schöpfung heraus zu mir zurück und drückte sich in vielen, wunderschönen Begegnungen und Erlebnissen aus.

Eine der ersten Begegnungen zu Beginn meiner Wanderung war die Begegnung mit Sela, der Priesterin, die Elenia und mich führen würde. Ich hatte schon den ganzen Morgen gespürt, dass jemand kommen würde, und ich hielt mich in dem kleinen Kräutergarten vor Avenads Haus auf. Zuerst sah ich das strahlende grüne Licht, das sich wie eine Wolke auf das Haus und mich zubewegte. Irgendwann wurde mir klar, dass es Anumee war, von der dieses wunderbare Leuchten ausging, und mein Herz machte einen Sprung vor Freude, sie endlich wiederzusehen. Und erst dann sah ich, das Anumee nicht allein gekommen war, neben ihr ging eine junge Frau, von der eine würdevolle und glasklare Ausstrahlung ausging. Sie ging ruhig und leicht, und jede ihrer Bewegungen schwangen in einer wunderschönen Harmonie mit ihrem ganzen Körper und der sie umgebenden Natur. Sie ruhte zutiefst in sich und ging still neben Anumee her.

Ich war es gewöhnt, Menschen und Tiere schnell und sicher spüren zu können, und war zuerst irritiert, dass ich diese junge Priesterin nicht spüren konnte. Doch dann wurde mir klar, dass ich die große Ruhe und das tiefe Vertrauen spürte, das von ihr ausging und den Raum um sie herum erfüllte. Ihre Energien schwangen nicht so hoch, wie ich es von meiner Familie gewöhnt war, und doch erfüllte mich die Energie dieser Priesterin mit Vertrauen und Gelassenheit. Mir war sofort klar, dass sie die Wege finden würde, die ich gehen wollte, und dass sie mir eine sichere Führerin durch dieses Land war, bis Avalon mich rufen würde.

Avenad kam aus dem Haus und begrüßte die Fee Anumee und die Priesterin Sela herzlich. Als Sela sich mir zuwandte, kniete sie nieder und senkte ihren Kopf. So war mir klar, dass sie wusste, wer ich wirklich war und mir den Respekt als Meisterin erwies. Ganz spontan kniete auch ich mich nieder und reichte ihr beide Hände, und ich spürte die tiefe Liebe aus meinem Herzen strömen, die immer meine schönste Beraterin war.

Sofort war für mich die Resonanz aus Selas Herzen spürbar, sie schaute mir in die Augen und öffnete ihre Hände, damit meine sie umfassen konnten. Ich sah das Leuchten der Göttin in ihr, das sofort begann, mich zu erfüllen und zu erinnern, und so begannen das Leuchten der Göttin und die Liebe, in Einklang zu schwingen.

Selas Ausstrahlung erinnerte an die Aura des Feenvolkes, und doch war sie eindeutig keine Fee. So ging ich davon aus, dass zumindest eine Verwandtschaft oder tiefe Verbundenheit zwischen ihr und den Feen bestand und sie die tiefe Liebe der Feen zu der ganzen Schöpfung in sich trug. Wir gingen in den Garten, der hinter dem Haus lag, und lernten uns dort kennen. Für Sela war es vollkommen natürlich, erst einmal die Bewohner des Gartens und die Pflanzen zu begrüßen. Sie ging zu jedem der Bäume, streute etwas aus einem kleinen Beutelchen an den Baum und verband sich mit ihm. Ich sah, wie sie manches Mal dabei lächelte und sich immer etwas verneigte, wenn sie von einem der Bäume fortging, um den nächsten zu besuchen. Ihre tiefe Verbundenheit zu allem, was um sie herum war, erregte sofort meine Aufmerksamkeit, und eine Idee ergriff Raum in mir, die mich nie wieder loslassen würde.

Ich beobachtete sie und empfand eine Mischung aus Verblüffung, Begeisterung und Dankbarkeit. Ich hatte auch vorher gewusst, dass gut für Elenia und mich gesorgt werden würde, doch nun war ich mir vollkommen sicher. Sela würde mich dabei begleiten, in die großen Elemente eingeweiht zu werden, und sie würde den Weg nach Avalon, den ich so sehr ersehnte, finden. Sie würde erkennen, wann die Tore sich für mich öffneten, und sollte ich es nicht wahrnehmen können, so würde sie mich begleiten. Sie war eine der Frauen, die all diese Dinge kannten und zwischen den Welten ein- und ausgehen konnten. Ich sah und spürte, wie sich zwischen Elenia und ihr ein zartes Band entspann, ein Band von der Art, das keiner Worte bedurfte. Und ich sandte einen Dank dafür aus meinem Herzen zu Lady Portia, dass sie Sela zu mir und Elenia geschickt hatte, und ich spürte fast augenblicklich die Antwort als ein zartes Lachen und Klingen in meinem Herzen.

Wir sprachen wenig miteinander, es war ein Tag des Schwingens und des Seins, des Beobachtens und Erspürens. Ein wunderbarer Tag. Wir besprachen, dass Sela die anderen Mitglieder meiner Familie kennenlernen sollte, bevor wir zu unserer Reise aufbrachen, und ich war gespannt darauf, wie diese Begegnung verlaufen würde. Als ich an diesem Abend in Avenads Haus schlafen ging, wusste ich, dass mich unendlich viel mehr Schönes erwarten würde, als ich mir im Moment vorstellen konnte, und die ganze lebendige Freude des menschlichen Seins durchströmte mich. Ich spürte noch zu meinem Sohn und seiner Familie hinüber, bevor ich einschlief, und kam endgültig zur Ruhe, als ich die sanfte Sicherheit seines Seins spürte. Noch immer schwang hin und wieder die alte Angst in mir, und ich wusste, dass es für mich, und auch für ihn und seine Familie, wichtig war, mich davon vollkommen zu erlösen.

So bat ich die lichtvollen Kräfte, mir diese Angst in Gestalt einer Energie zu zeigen, damit ich mich mit ihr in Liebe verbinden und sie so transformieren konnte. Die Traumzeit öffnete sich mir, und ich sah eine wunderschöne Landschaft. Ich rief meine Angst, und sie zeigte sich mir in der Gestalt eines ratlosen Kindes. Tiefen Schmerz sah ich in den Augen des Kindes, Ratlosigkeit und auch Hilflosigkeit. Ich setzte mich in das Gras der wunderschönen Landschaft und reichte dem Kind meine Hände. Lange Zeit schaute es mich an, und währenddessen wurden wir mehr und mehr eins, das Kind wirkte heller und strahlender, und irgendwann nahm es meine ausgestreckten Hände. Tiefe Mutterliebe floss aus meinem Herzen durch meine Hände und hinüber in die Hände des Kindes. Mehr und mehr ging alles ineinander über, ich wurde zu dem Kind, das Kind wurde zu mir, und meine Liebe hüllte uns mehr und mehr ein. Dann sah ich mich mit diesem wunderbaren Kind in meinen Armen, eingehüllt und liebevoll geborgen an meiner Brust, an meinem Herzen, und unsere Herzen begannen in einem gemeinsamen Rhythmus zu schwingen. Mehr und mehr breitete sich Ruhe in uns beiden aus, und wir wurden eins, wir wurden »ich« und schwangen wieder gemeinsam. Das Licht des Friedens und der Liebe wurde größer und größer, und ich nahm wahr, wie sich dieses Licht mit all den kosmischen Lichtern des Friedens und der Liebe verband. Gleichzeitig spürte ich das alles in meinem physischen Körper und wusste, dass Heilung geschah. Dankbarkeit und Frieden ließen mich dann in einen erholsamen Schlaf gleiten.

Am nächsten Morgen fand ich Elenia, Sela und Anumee im Garten, sie hatten bereits ein Gebet gesprochen und sich mit der Schöpfung verbunden. Alle drei plauderten fröhlich miteinander, als ich mich zu ihnen gesellte. Ich fragte Sela nach Heimat und Familie, und sie erzählte mir von einem Land und seinen Menschen, das mich sehr an Mu erinnerte. Ich wusste, dass vor langer Zeit auch über diesen Bereichen der Erde lemurianische Energiestationen gewesen waren, und so ging ich immer davon aus, dass Avalon letztendlich hier seine Wurzeln hatte. Doch dass hier auch ein Land existierte und es Menschen wie auf Mu gab, und noch immer gibt, war mir unbekannt. Tiefe Freude erfüllte mich, und ich fragte Sela, ob ich auch diese Bereiche des Nordens kennenlernen würde und ob sie mit auf meinen Reisewegen lägen. Sie bejahte es, und Sela freute sich sehr mit uns. Meine Sehnsucht, mehr und mehr mit den kraftvollen Elementen der Erde verbunden zu sein und so letztendlich im Innen und im Außen die Mitte zu sein und diese zu halten, würde sich erfüllen, und endlich würde sich die tiefe Ruhe Gaias wieder in mir selbst ausbreiten können.

Meine Gedanken wanderten zu der lemurianischen Zeit, als ich das erste Mal mit diesen Kräften in Verbindung stand und mich lange Zeit auf Mu aufhielt, um mehr und mehr vertraut mit den Geheimnissen der Erde zu werden. Auch damals war ich diese Wege gegangen und hatte letztendlich erreicht, wonach ich mich gesehnt hatte.

Doch zwischen der Zeit auf Mu und meiner jetzigen Inkarnation lagen lange Zyklen, in denen die Erde selbst sich verändert hatte, und ich hatte zu Beginn der jetzigen Inkarnation nicht damit gerechnet, dass diese Möglichkeiten sich mir eröffnen würden. Ich schaute hinauf bis zu den Wipfeln der Bäume und spürte die Kraft ihres Lichtkörpers, die sich mit meinem Lichtkörper verband. Ich wusste, dass die gaianische Intelligenz all das, was wir sprachen und spürten, durch den ganzen Lichtkörper der Weltenseele sandte, um mir so meinen wunderbaren Weg zu bereiten.

Sela hatte auch Fragen an mich, denn sie hatte nun schon vieles gehört über das, was uns geschehen war. Gern beantwortete ich ihre Fragen, und so durfte ich erfahren, dass ich nun ruhig und gelassen darüber sprechen konnte, was sich in Palästina zugetragen hatte. Ich schilderte ihr alles aus meiner Perspektive, ohne etwas zu beschönigen oder zu werten, und Sela hörte mir die ganze Zeit zu, ohne mich zu unterbrechen. Irgendwann wurde mir bewusst, dass ich viel über meine ganz persönlichen Gefühle sprach, doch gab es für mich keine Veranlassung, das nicht zu tun.

Sela hatte keine eigenen Kinder, weil sie es genauso wollte, denn für sie war die ganze Schöpfung voller Kinder, die Anleitung und Lernen brauchten. Sie fragte mich danach, wie es für mich war, die Mutter eines so außergewöhnlichen Sohnes zu sein, und ich erzählte ihr aus meinem Herzen. Ich erzählte ihr, dass ich durch ihn einfach Mutter wurde und es mir nicht anders erging als all den anderen Müttern, die sich Gedanken über den Weg und das Wohlergehen ihres Kindes machen und mit ihnen immer durch einen Teil ihres Seins verbunden sind. Es ist das Fleisch und Blut der Mutter, das der ankommenden Seele Nahrung und Schutz gibt auf dem Weg der Menschwerdung, und es ist das Herz der Mutter, dessen rhythmisches Tönen sich durch den kleinen Körper des werdenden Kindes schwingt. Es sind die Gefühle der Mutter, die ein Kind spürt, und es ist die kosmische Liebe, die beide einhüllt.

Ich erzählte Sela, dass ich mir bewusst war, worauf ich mich eingelassen hatte und was mir das abverlangen würde, aber dass ich auf die Kreuzigung meines Sohnes nicht ausreichend vorbereitet gewesen sein konnte. Doch kann alles heilen, und so war auch diese vergangene Wunde bei mir mehr und mehr geheilt und ich kam wieder unmittelbar bei mir an. Das wunderschöne Band der kosmischen Liebe verband mich untrennbar und unzerstörbar mit ihm, und doch sorgte genau dieses kosmische Band dafür, dass wir beide frei sein konnten im menschlichen Sein und ich mich nun voller tiefer Glückseligkeit auf all das freute, was mich erwartete.

Während ich sprach, sah ich wieder und wieder das Licht der Göttin in Selas Augen aufleuchten, und aus ihrer tiefen Natürlichkeit heraus hörte sie mir voller Freude zu. Auch sie freute sich auf unsere gemeinsame Reise und hatte aus diesem Grund auch einige Fragen. Sie war es gewohnt, lange Strecken zu Pferde zurückzulegen, doch sagte ich ihr, dass ich das nicht konnte und wollte. Ich wollte gern die Erde unter meinen Füßen spüren und wieder mit ihr verbunden sein. Ich versicherte Sela, dass sie sich um meine Füße und auch um die Jahreszeiten keinerlei Sorgen zu machen brauchte. Ich war es gewohnt, mich auf die Energien, die mich umgaben, mit meinem ganzen Körper einzuschwingen und auch meinen Schritt entsprechend anzupassen. Und so beschlossen Sela, Elenia und ich, dass wir auf eine Wanderung gehen würden, auf der wir den Hinweisen und dem Ruf der Göttin folgen würden. Wir wussten, dass es eine erfüllende und wunderschöne Wanderung werden würde.

Natürlich wollte ich Sela noch erklären, was sie erwartete, wenn sie meinem Sohn und seiner Familie begegnen würde, und ich spürte die tiefe Freude in mir, noch einmal Zeit mit ihnen zu verbringen, bevor ich sie alle längere Zeit nicht sehen würde. Auch fragte ich Sela nach dem Licht der Göttin, das ich bei ihr wahrgenommen hatte, und sie erzählte mir voller Freude von ihren Eltern, die beide zu einer der ganz alten nordischen Linien gehörten, die eine Verwandtschaft mit dem Feenvolk unterhält. Durch diese Verbundenheit konnte sie sich bereits als kleines Mädchen sicher zwischen den Dimensionen bewegen und alles lernen, was sie in den verschiedenen Dimensionen wissen musste.

Sie kannte auch die Fee Anumee bereits seit ihrer Geburt und war mit ihr vollkommen vertraut. Es gab für Sela in der Schöpfung nichts Bedrohliches oder Beängstigendes; wenn sie sich in früheren Jahren unsicher oder verloren gefühlt hatte, dann rief sie die Feen, öffnete die Tür zwischen den Welten und sah sich umgeben und geliebt von dem kleinen Volk, den Elfen und den Feen. So hatte sie ihr ganzes bisheriges Leben in dieser tiefen Vertrautheit verbracht, um dann nach Avalon zu gehen und dort eine Priesterin der Göttin zu werden. Ihre Aufgabe bestand darin, eine Mittlerin zwischen den Menschen in den Dörfern, den Wesenheiten der Anderswelt und Avalon, zu sein.

Während Sela mir davon erzählte, spürte ich, dass sie etwas verschwieg; doch spürte ich gleichzeitig, dass es nichts war, was für mich relevant gewesen wäre, da es mit ihr ganz persönlich zu tun hatte. Ich wusste, dass sie es mir erzählen würde, wenn sie die Zeit für geeignet hielt, oder dass es etwas sein konnte, was ich nie erfahren würde. Das erlebte ich einige Male mit Sela, doch war zu jeder Zeit klar, dass sie wunderbar für uns sorgte und es immer um Situationen ging, in denen sie die Energien oder Wege für uns klärte und erschuf.

Bei vielen Frauen in diesem Land war es zu sehen und zu spüren, dass sie es gewohnt waren, viel Verantwortung zu übernehmen. Jeder ihrer Schritte, jedes ihrer Worte und jede ihrer Handlungen wies sie als Priesterinnen der Göttin aus, und jede von ihnen hielt einen Teil eines sehr lichtvollen Netzes der Menschlichkeit, gewoben aus und in der Liebe, zu der ganzen Schöpfung, der großen Göttin.

Viel Meisterliches fand ich in diesen Frauen wieder, die in ihrem Sein ruhten und aus dieser Mitte heraus umsichtig und ruhig agierten. Ihr Handeln hatte die Energie einer Meditation und fand im Zustand eines erhöhten Bewusstseins statt. Da sie alle in ihren spirituellen Gaben ausgebildet und trainiert waren, lebten sie in einer dauerhaften erhöhten Achtsamkeit und Aufmerksamkeit und waren es gewohnt, Informationen aus verschiedenen Dimensionen in sich zu bündeln und ihr Handeln danach auszurichten. An diesem Tag wurde mir immer klarer, dass die Göttin mich als Antwort auf meine unendliche Sehnsucht nach ihr genau hierher gerufen und geführt hatte, und dass diese Frauen mich so lange begleiten würden, bis das lichtvolle Tor Avalons sich für mich öffnete und ich heimkehren konnte in die Arme der Göttin.

Während ich Sela und Elenia anschaute, sah ich um sie herum feine Lichter in allen möglichen Farben auftauchen, die sanft durch ihre Auren flossen. Ich sah, wie diese Lichter auch zwischen den Auren wechselten, um dann immer wieder zu der zurückzukehren, von der sie gekommen waren. Nachdem ich eine Weile dieses Lichtspiel beobachtet hatte, sprach ich Elenia und Sela darauf an, und beide bestätigten mir, dass sie diese Bewegungen spüren konnten. Ich erinnerte mich an die Artefakte, die im Lichtkörper vieler Sternenkinder verborgen waren, und erzählte ihnen davon. Avenad kam hinzu, und ich erklärte ihnen ausführlich die Bedeutung und Wirkungsweise der Artefakte. Während ich erzählte, erinnerte ich mich mehr und mehr an die vergangenen Zeiten und all die Maßnahmen, die wir ergriffen hatten, um die zurückbleibenden Sternenkinder zu schützen. Wir kamen auf den Gedanken, an diesem Abend mit den Artefakten zu arbeiten und sie zu lösen, und so machten wir uns daran, einen wunderschönen Abend vorzubereiten.

Tiefe und unendliche Glückseligkeit breitete sich in mir aus, weil ich im Lande der Dana, der großen Göttin, endlich wieder begann, all das zu tun, was mich mit tiefer Liebe und Dankbarkeit erfüllte, und so bereiteten wir das Haus Avenads für diese wunderschöne Ritual- und Heilungsarbeit vor. Die Freude, die von uns allen ausging, setzte sich durch das ganze Dorf fort, und so erklärten Sela und ich all diesen wunderbaren Menschen, dass ich an diesem Abend Avenad und Sela etwas lehren würde, was diese dann bei allen Menschen und Tieren anwenden könnten, um zu Bewusstheit und Heilung beizutragen. Die Bewohner des Dorfes ließen sich von unserer Freude anstecken und beschlossen, ebenfalls ein Fest zu feiern und so unsere Magie mit ihrer Liebe mitzutragen. All das lief selbstverständlich und leicht ab, und so wusste ich, dass die Göttin für uns alle sorgte und uns in ihre liebevolle Energie hüllte.

Während der Vorbereitungen sprach ich mit Avenad über die Göttin Dana, die Muttergöttin der Tuatha de Danann, die überall spürbar war. Dann begann ich, den Heilungsraum zu gestalten. Das tat ich allein, um mich einzustimmen und das Licht der Göttin aus mir heraus durch den ganzen Raum erstrahlen zu lassen. Ich bereitete die Lagerstatt für Avenad vor, auf der sie während der Heilungsarbeit liegen sollte, und verteilte heilende Kräuter im Raum: Lavendel, Salbei, Thymian, Rosmarin und Minze. Aus meinem Beutelchen nahm ich Anis und Weihrauch, um aus ihnen Räucherwerk herzustellen. Dabei summte ich eine Heilungsmelodie, mit der ich all die guten und lichtvollen Wesenheiten einlud, die bereit waren, diese Heilungsarbeit entweder kennenzulernen oder mit ihrer Energie zu begleiten. Ich stellte Kerzen bereit, die ich später für die Wesen der Anderswelt entzünden würde. Eine Kerze für das Volk der Zwerge, eine Kerze für das Volk der Elfen, eine Kerze für das Volk der Trolle, eine Kerze für das Volk der Feen und eine zentrale Kerze für die Lichtwesen und Hüter der Göttin, die großen Engel.

Die Energien des Raumes schwangen immer lichtvoller, und ein leichter Wind begann, vom Meer hereinzuwehen. Ich bedankte mich bei den Wesen des Wassers dafür, dass auch sie mit ihrem Heilungspotenzial anwesend sein würden und sich dafür mit den Wesen des Luftelementes verbunden hatten. Das Element Erde war im ganzen Raum vorhanden, doch stellte ich noch eine Schale mit Erde auf, die aus dem

Gebiet einer heiligen Quelle der Göttin stammte. Ebenso eine Schale mit Kristallen, die ich brauchen würde und die bis zu ihrer Benutzung in einer Schale mit energetisiertem Wasser lagen. Es waren drei natürliche Kristallspitzen, die seit dem Untergang von Atlantis in unterschiedlichen Teilen der Erde geruht hatten. Ich hatte sie von meiner Mutter an meinem zwölften Geburtstag bekommen, und ich hütete sie und hatte sie immer bei mir. Zwei Kristalle hatten sanfte, abgerundete Spitzen, und ein Kristall hatte klar laufende Kanten und eine ebenso saubere geometrische Spitze. Alle drei Kristalle waren vollkommen klar, ohne Einschlüsse oder Brüche. Während ich in diese Kristalle sah, erinnerte ich mich an die wunderschönen Bilder meiner Kindheit; ich sah das lachende Gesicht meiner Mutter und das ruhige Strahlen meines Vaters. Sie waren hinter dem Schleier, und sie waren beide in zeitlich kurzem Abstand dorthin gegangen, nachdem Elenia geboren war, doch konnte ich sie noch immer spüren. Und auch jetzt, in Avenads Haus, spürte ich ihre unendliche Liebe zu mir, die in Resonanz mit meiner Liebe zu ihnen trat. Ich blieb eine Weile in diesem Gefühl und genoss ihre liebevolle Anwesenheit.

Als ich so weit war und alles vorbereitet hatte, verließ ich diesen wunderschönen Raum, um noch eine Kleinigkeit mit den anderen Frauen zu essen. Ich trat vor das Haus und sah, dass die Menschen des Dorfes ein Feuer entzündet hatten, um das sie herum saßen, und leise sangen. Über dem ganzen Ort hatte sich ein heilendes Energiefeld gebildet, und leise nahmen Avenad, Elenia, Sela und ich gemeinsam unsere Mahlzeit ein. Avenad erzählte mir etwas von sich, an das sie trotz ihres priesterlichen Seins keine Erinnerung mehr hatte, und sagte mir, sie würde sich freuen, wenn ich das entsprechende Artefakt finden und aktivieren könne.

Wir begannen das Ritual in dem vorbereiteten Raum mit einem leisen Gebet, das jede für sich sprach. Avenad legte sich auf den vorbereiteten Platz und begann, tief und ruhig zu atmen. Sie genoss den Duft der Kräuter und die Geborgenheit in diesem Heilungsraum. Sie entspannte sich zusehends. Ich stand einen Schritt von ihr entfernt und sah in ihre Aura, die mehr und mehr sichtbar wurde, und langsam begannen die fließenden Bewegungen der aurischen Energien intensiver zu schwingen. All die kleinen und großen Wirbel der Chakren traten zeitweilig in den Vordergrund, und für mich wurden mehr und mehr Details sichtbar.

Langsam nahm ich einen der schmalen Kristalle aus dem Wasserbehälter, ließ ihn in Ruhe darüber abtropfen und begann, mich mit dem Kristall einzuschwingen. Sanft brachte ich diesen Kristall in Avenads Lichtkörper und teilte ihm telepathisch mit, welches Artefakt wir finden und aktivieren wollten. Der Kristall begann, meinen Arm zu führen, und kurz bevor ich mit dem Kristall das Artefakt berührte, sah ich es. Wie ein winzig kleiner strahlender Stern leuchtete es in der sanft schwingenden Aura, als hätte es nur darauf gewartet, endlich aktiviert zu werden.

Die Spitze des Kristalls und das Artefakt berührten sich, und ich konnte zusehen, wie das Artefakt sich öffnete und begann, sich in einen feinen Lichtstrahl zu verwandeln. Dieser zarte Lichtstrahl bewegte sich langsam durch die Aura, bis die Kopfchakren und der Lichstrahl sich harmonisch einzuschwingen begannen. Das wunderbare kleine Artefakt, das nun soweit war, die in ihm gebundenen Themen freizugeben, schwang sich mit dem Pulsieren der Kopfchakren ein und wurde schwächer und schwächer. Ich wusste, dass nun die Integration des Potenzials, das in dem Artefakt gebunden war, über die kleinen Energiewirbel in Avenads System für sie zugänglich wurden und sie ihr binnen drei Tagen zur Verfügung stehen würden.

Avenad, die mit geschlossenen Augen vollkommen entspannt dalag, atmete mehrfach tief ein und aus, was die Integration erleichterte. Ich ließ sie noch eine Weile so entspannt liegen und reinigte den Kristall mit meinen Händen, während ich die Harmonie ihres Lichtkörpers betrachtete. Diese wunderbaren lichtvollen Farben erfreuten und erfüllten mich immer wieder, und die tiefe Dankbarkeit für die unendliche Schönheit der Schöpfung ließ mich niederknien und beten. Ich dankte der Göttin mit meinem Gebet, und ich dankte all den lichtvollen Helfern und Helferinnen, die überall um mich herum wirkten. In dieser Zeit öffnete Avenad ihre Augen und begann, sich langsam zu bewegen, bis sie aufstehen konnte, ohne Schaden zu nehmen. Sie spürte deutlich, dass ihre Kopfchakren aktiv waren, und freute sich auf das, was kommen würde.

Wir bedankten uns alle mit einem Gebet und verließen den Heilungsraum, um noch zu plaudern und dann mit den anderen Bewohnern des Dorfes um das Feuer zu sitzen. Nachdem alle schlafen gegangen waren, wanderten wir vier Frauen zu einer heiligen Quelle der Göttin, um dort den Sonnenaufgang zu begrüßen und ihn mit einem Ritual zu feiern. Wir stellten uns in die Himmelsrichtungen auf, und jede von uns lud einen Hüter der Himmelsrichtungen ein. Sie kamen, und wir spürten ihre Anwesenheit und ihre Liebe. Dann senkte jede Frau ihre Liebe hinunter bis in das Herz Gaias und begann, mit Gaia zu sprechen. Als aus der Liebe der Mutter Erde und der Verbundenheit der Hüter ein Tanz aus Licht und Farben entstand, verband sich jede mit ihrer lichtvollen und liebenden Sternenherkunft, bis sie den Ton ihrer kosmischen Heimat vernahm. So segneten wir einander, die heilige Quelle und unser wunderbares Leben, und wir segneten die kosmische Heimat und baten um Schutz und Führung für die Sternenkinder auf Mutter Erde. Mich erfüllte tiefe Dankbarkeit und Freude darüber, wieder mit anderen Priesterinnen gemeinsam solch wunderbare Dinge zu erleben, und ich genoss es, dies unter freiem Himmel als eine freie Frau in einem freien Land zu tun.

Meine Familie und ich hatten inzwischen erfahren, dass auch in diesem Land bereits Übergriffe der dunklen Kräfte stattfanden, die überall versuchten, die Ressourcen der Schöpfung in ihre Gewalt zu bekommen. Wo sie auch auftauchten, hinterließen sie Angst und Destruktivität, und ihre niedrig schwingende Grundenergie sog das göttliche Licht aus allem, dessen sie habhaft werden konnten. Sie hatten bereits in meiner Heimat überall Trennung und Schmerz verursacht und schienen keine Grenzen zu kennen. Doch hier, während dieses Sonnenaufgangs, wusste ich einmal mehr, dass das Göttliche nicht zerstört werden kann und dass es niemals gelingen würde, die Göttin und all die lichtvollen Seelen, die im Herzen und im Geiste mit der Intelligenz der Erde, der Manifestation der Göttin, verwoben und verbunden waren, endgültig zu zerstören. Auch wenn sich die Göttin für das menschliche Auge und die menschliche

Wahrnehmung zurückzieht, so ist sie doch für all die Seelen, die das hoch schwingende Licht tragen, immer erreichbar und wahrnehmbar.

In meiner Verbundenheit mit den lichtvollen Kräften des Universums war ich eingeweiht in all das, was der kosmische Rat veranlasste. So ging ich damals meinen Weg, um einen Weg für die Sternenkinder zu erschaffen, den sie zu allen Zeiten beschreiten konnten. Die Anker des blauen Strahls entstanden aus meiner Verbundenheit, und all das wurde möglich durch die Menschen, die mit mir gingen und mich und meine Familie begleiteten. Nichts von alldem ist fort, und so wirkt der blaue Strahl durch all das, was später von fremden Kräften übernommen wurde. Es ist nicht möglich, eine lichtvolle Seele zu binden; es ist nur möglich, wenn die Menschen glauben, dass es möglich sei. Das tiefe Wissen der Seele wird alle Sternenkinder immer wieder weitergehen lassen und sie daran erinnern, dass sie mit ihrem Licht verbunden sind, aus dem sie jederzeit ihre ganz eigene liebevolle Schöpferkraft entfalten können, zum Wohle der Schöpfung und in der lichtvollen Verbundenheit mit all den liebevollen Wesenheiten dieses Universums.

In mir schwang die Freude auf mein Wiedersehen mit meiner Familie, und so beendeten wir unser wunderschönes Ritual und kehrten zurück in das Dorf. Mich durchflutete tiefe Dankbarkeit, dass ich wieder unter anderen Menschen und besonders unter anderen Frauen angekommen war, die die Göttin in der Schöpfung sahen und verbunden waren mit den lichtvollen Kräften der Anderswelten. Die Hoffnung, dass sich mir wieder all das Wunderbare eröffnen würde, mit dem ich seit Lemuria in Herz und Geist verbunden war, breitete sich in mir aus und verlieh meiner Seele Flügel. Mit jedem Schritt verankerte ich diese Verbundenheit und kosmische Liebe in der Erde unter meinen Füßen, sandte sie an die Bäume um mich herum und ließ sie aus mir heraus in jede Richtung schwingen, in die sie wollte. Ich sah Sela in die Augen und erkannte, dass sie wusste, was geschah. Ich fand die Resonanz in den Augen der Göttin neben mir, und so schwangen wir den ganzen Weg gemeinsam, lachten, tanzten und sandten das Licht der Göttin in die Welt hinaus.

Wir brachen auf und machten uns auf den Weg. Diese kurze Wanderung war wunderschön, und ich spürte mehr und mehr die Energien meiner Familie. Im Dorf angekommen, machten wir uns bereit für den Weg zu meiner Familie, und ich sah, dass Sela einen wunderschönen Beutel mit vielen Dingen füllte. Dabei sang sie leise und schwang bei jeder Bewegung mit ihrer Melodie. Dann sah ich das Haus, in dem sie nun alle lebten, und mein Schritt wurde schneller. Und dann sah ich meine jüngste Enkeltochter auf mich zulaufen. Sie sah wunderschön aus, und ich schloss sie in meine Arme, als wir beieinander ankamen. Magdalena trat aus dem Haus, und auch die anderen Kinder erschienen. Wir alle begrüßten uns herzlich und freuten uns sehr über unser Wiedersehen, und Magdalena sagte mir, wo ich meinen Sohn im Haus finden würde.

Ich ging hinein und fand ihn sofort. Seine wunderbare Ausstrahlung war intensiver geworden, und er kam mit geöffneten Armen auf mich zu. Wir freuten uns beide sehr, dass es uns allen nun wieder so gut ging, und wir begaben uns gemeinsam zu den Freunden, die noch immer vor dem

Haus warteten und miteinander plauderten. Ich sah mich um und suchte Sela, doch sie war nirgendwo zu sehen. Ich sah Avenad fragend an, doch auch sie wusste nicht, wo Sela war, und so ließen wir es erst mal auf sich beruhen. Gern wollte ich meiner Familie diese Priesterin vorstellen, die mich in den kommenden Jahren begleiten würde, doch brauchte das wohl noch Zeit.

Magdalena beschloss, das wir alle zusammen essen und feiern würden, und während wir alles vorbereiteten, erzählte ich ihr von meinen Erfahrungen und meiner Freude der letzten Tage. Sie teilte das Glück aus ganzem Herzen mit mir, doch hatte sie Sorge mit ihrer jüngsten Tochter, und wir sprachen darüber. Ich war sicher, dass meine Enkelin sich sicherlich eigenwillig, aber doch wunderbar entwickeln würde, und ich sagte Magdalena, was ich darüber dachte. Ich wusste, dass die Göttin keine Fehler macht, und ich hatte das Leuchten der Göttin in den Augen der kleinen Sarah gesehen. Sie hatte früh gezeigt, dass Freiheit und Unabhängigkeit wichtig für sie waren, und ich erklärte Magdalena, dass das der Weg der Zukunft für die Frauen werden würde. Der kosmische Plan sah vor, dass die Frauen wieder in ihre Kraft und Autonomie kommen würden, damit Heilung für Mutter Erde und all ihre Geschöpfe stattfinden könne.

Dieser Plan beinhaltete die Hoffnung, dass die Heilung der Mutter Erde eine gesunde und strahlende Lichtkraft erschaffen würde, in der die Dunkelheit keinen Raum mehr finden würde. All das, was in all den Jahrhunderten auch gegen die Menschheit angerichtet worden war, war dem kosmischen Rat sehr wohl bekannt, und so konnte niemand mehr einschätzen, welche Potenziale in welchem Menschen schlummerten. Doch bei einem kleinen Mädchen wie Sarah war die lichtvolle Kraft der Seele so stark und die Reinheit derart ausgeprägt, dass sie eine Hoffnungsträgerin für die Zukunft der Menschheit war. Ich bat Magdalena, ihre Tochter einmal so zu sehen, und ich bemerkte, wie sie sich entspannte. Sarah betrat den Raum, und mir war klar, dass sie das Gespräch mitgehört hatte, ohne in der Nähe des Raumes gewesen zu sein. Sie war mit all den wunderbaren Talenten gesegnet, die natürlicherweise zur menschlichen Rasse gehörten, doch leider mehr und mehr in den Hintergrund gedrängt worden waren. Ein Kind wie Sarah war nicht manipulierbar und folgte seinem ganz eigenen Lebensplan, und die kosmische Liebe, die aus ihm herausstrahlte, würde ihm den Weg weisen.

So ein wunderbares Kind braucht Schutz, Verständnis und Zuspruch und kann sich dann aus sich selbst heraus entwickeln. Seine ständige spirituelle Verbundenheit ließ es sicher in sich selbst ruhen, und es war vollkommen frei von den Lasten, die viele Menschen einschränkten, oder sein Leben negativ beeinflussten. Selbstbewusst und kritisch schaute sich Sarah ihre Mitmenschen und auch ihre Eltern an. Aus meiner Sicht war das richtig, denn es war ihr Auftrag, ihre eigene Persönlichkeit zu entwickeln. So würde sie am Ende ihres Lebens mit sich selbst im Reinen sein und ihren freien, kosmischen Weg weitergehen können.

Ich hatte durch meinen Sohn lernen dürfen, wie wenig Einfluss ich letztendlich gehabt hatte, und genau dadurch hatte er mir das Geschenk der Freiheit gemacht. Etwas, wofür ich ihm sehr dankbar war und was mich gelehrt hatte, wie eine Mutter wieder ganz Frau werden konnte. Mein

Sohn war vollkommen frei von mir und ich von ihm. So konnte ich auch meine Enkeltochter als die Persönlichkeit sehen, die sie war, vollkommen unabhängig von mir oder ihren Eltern. Ein göttliches Kind, zutiefst in der kosmischen und lebendigen Verbundenheit schwingend, wach, achtsam und liebevoll. Auch dafür erfüllte mich tiefe Dankbarkeit, wusste ich doch um die Geschichte der Menschheit.

In der menschlichen Rasse hatte es entsetzliche Übergriffe und Manipulationen gegeben, die weder im kosmischen noch im göttlichen Sinne geplant oder vertretbar waren. Das natürliche Wissen um das menschliche Sein, frei von Gewalt und Übergriffen, aufgehoben und geborgen in der Schöpfung und in der göttlichen Liebe, war mehr und mehr in den Hintergrund getreten, und Angst, Mangeldenken und Gewaltbereitschaft hatten sich ausgebreitet. Doch ging es immer um das Gleichgewicht zwischen den Kräften, solange diese Themen nicht geheilt waren, und für mich und meine Familie war es Wunsch und Auftrag, die Liebe, das Wissen und die Weisheit wieder unter die Menschheit zu bringen. Da in jedem Menschen alles vorhanden war, sollte das Lichtvolle gestärkt werden, denn wo das Licht ist, muss das Dunkle weichen.

Nun waren wir in einem Land angekommen, in dem uns sehr natürliche und liebevolle Menschen umgaben, die in einer Ordnung lebten, welche sich im Einklang mit der Schöpfung befand. Mir war klar, dass Sarah sich all das sehr genau ansah und sich ihre eigenen Gedanken darüber machte. Sie fühlte sich sehr wohl unter den Menschen um sie herum und war auch schnell mit den Kindern in den Dörfern vertraut geworden. Sie hatte sich in all die Bäume und den ganzen Wald verliebt und hielt sich dort überall sehr gern auf. Ich bat Sarah, mit mir hinaus zu gehen, und als wir vor die Tür traten, trafen wir auf Sela. Wo immer sie inzwischen gewesen war, nun war sie da, und zwischen ihr und Sarah entstand sofort eine Verbindung. Einen kurzen Moment lang überlegte ich, ob es besser wäre, auf meine Wanderung zu verzichten und Sela zu bitten, für Sarah da zu sein, doch schon im selben Moment wischte ich diesen Gedanken fort. Alles war genau richtig, wie es war; und Sela und Sarah würden für sich Wege finden, um miteinander zu kommunizieren und sich zu sehen, wann immer sie es wollten.

Beide plauderten miteinander, und so ging ich zu meinem Sohn, der mit einigen Menschen zusammenstand, die sein Licht und seine kraftvolle Ausstrahlung offensichtlich genossen. Wir sprachen eine Weile über Sarah, und er sagte mir, dass er all das in ihr wiedersah, was er auch von sich selbst kannte. Auch er wusste, dass Sarah einen ganz eigenen Weg nehmen würde, doch gab es keine vorgegebenen Wege, und jeder Lebensweg ist richtig, wenn er in Dankbarkeit, Freude, Liebe und Weisheit gegangen wird. Ihm war bereits aufgefallen, dass Sarah offensichtlich sofort einen tiefen Bezug zu den Priesterinnen und Priestern, die sie hier kennenlernte, entwickelt hatte. Denn auch für Sarah war es, wie für uns alle, sehr beeindruckend, diesen Menschen bei ihren Ritualen in der freien Natur zuzusehen und zu spüren, was dann geschah. Diese immer noch vorhandene tiefe Verbundenheit zu der ganzen sie umgebenden Schöpfung zeichnete diese Menschen aus, und Sarah würde viel lernen und in diesem Bereich ihren Weg finden. Wir sahen Elenia, Sarah und Sela etwas entfernt aus dem Wald kommen, und sie sahen alle drei so strahlend und freudvoll aus, dass mir das Herz aufging.

Sela war in Elenias Alter, und sie folgte genau wie Elenia ihrer ganz eigenen Bestimmung, die sie nun auf eine Wanderschaft mit mir führen würde. Ihr Respekt und ihre Achtsamkeit mir gegenüber waren unverändert, und so wusste ich, dass sich darin ihre unendliche Liebe zur Schöpfung ausdrückte. Sie respektierte mich, weil ich wieder in die Arme der Göttin zurückkehren und auf meinem Weg einen lichtvollen Weg für die Kinder des Lichts, die Sternenkinder, erschaffen wollte. Es würde eine sehr schöne Zeit werden, dessen war ich sicher.

Sela und Elenia kamen zu uns herüber, und Sarah lief zu ihrer Mutter ins Haus. Als Sela Yeshua die Hände reichte bauten sich die lichtvollen Energien schnell in einer derartigen Intensität auf, dass Elenia und ich einige Schritte zurückwichen. Es sah aus wie eine Begegnung, die gleichzeitig in vielen Dimensionen stattfand, und ich sah, dass dieses gemeinsame Energiefeld bis in den Himmel reichte. Sela und Yeshua schienen uns nicht mehr zu bemerken, sie waren sofort in ein ernsthaftes Gespräch vertieft. Elenia und ich zogen uns zurück und folgten Sarah ins Haus. Dort hatte Magdalena zusammen mit anderen Frauen inzwischen alles vorbereitet, und wir begaben uns zu ihnen.

Es wurde ein wunderschöner Abend, zu dem auch später Sela und Yeshua kamen. Beide waren wieder ganz klar in der eigenen Energie und nahmen ausgelassen an der Feier teil. Viele Menschen feierten draußen, da nun bereits wärmere Temperaturen herrschten, und schließlich wurde überall gefeiert. Ich erfreute mich besonders an Musik und Tanz und genoss in der aufbrechenden Dunkelheit der Nacht den Klang der Trommeln. Als ich mich ein Stück von der Feier entfernte, konnte ich hören, dass von überall her Trommeln durch die Nacht klangen und ein Netz aus rhythmischen Tönen bildeten.

Ich ließ den Klang dieser vielen Trommeln durch all meine Körper schwingen und verband mich mit diesem Rhythmus, der zu einem kosmischen Rhythmus wurde und im Einklang mit der Intelligenz der Erde, mit Gaia, schwang. Ich atmete den Geruch des Meeres ein und schlief so auf dem Waldboden ein. Das tiefe Vertrauen in meine Familie hier und auch in meine kosmische Familie ließ mein Herz leicht werden. Ich sah den Erzengel Michael auf mich zukommen und freute mich sehr über seine Anwesenheit. Nach einer Weile erschien auch mein Seelenpartner, der wunderbare El Morya, und so waren wir beieinander in der klärenden, friedvollen und heilenden Kraft des blauen Strahls, bis ich am Morgen mit der Gewissheit erwachte, dass ich weiterhin aus den meisterlichen Bereichen des blauen Strahls und den lichtvollen Ebenen heraus mit meiner Familie verbunden sein würde.

Meine Erinnerungen an die Sternenvölker, und besonders an das wunderbare Volk der Hathoren, die schon so oft der Menschheit in ihrer Entwicklung zu Hilfe gekommen waren, hüllten mich ein. In mir entstand mehr und mehr die Gewissheit, dass ich Sela, die Priesterin von Avalon, bereits aus den Zeiten kannte, in denen ich mit meinen Hathoren-Schwestern gemeinsam auf Atlantis gewirkt hatte, und nach und nach stiegen Erinnerungen an diesen Zyklus meines Seins auf Gaia in mir auf.

18

Die Wanderung beginnt

Am darauffolgenden Morgen war ich frisch und ausgeruht, und ich dankte den über alles geliebten Wesenheiten der anderen Dimensionen dafür, dass sie so gut für mich und mein körperliches Sein sorgten. Ich traf Sela und Elenia bei einem Gespräch mit Avenad an und sah, dass schon sehr vieles für unsere Reise, für meine Wanderung, vorbereitet war, Selas Pferd war gerüstet und bereits mit vielen Dingen beladen, die wir brauchen würden, und Avenad erklärte mir, dass wir immer wieder in Gemeinschaften kommen würden, in denen sich die Menschen bereits auf uns freuten, und dass wir dort alles finden würden, was wir für den nächsten Reiseabschnitt brauchten.

Ein Falke hatte sich zu Sela gesellt, und ich begriff, dass dieses wunderbare Geschöpf dafür sorgen würde, sofort alle zu informieren, falls wir in Gefahr waren oder anderweitig Hilfe brauchten. Das selbstverständliche Zusammenleben der Menschen mit den Tieren der verschiedenen Welten beeindruckte mich wieder und wieder, und ich konnte kaum einen Unterschied zwischen der Kommunikation der Menschen untereinander und der zwischen Mensch und Tier ausmachen. Auch das zeigte mir sehr deutlich, wie liebevoll die Göttin in diesem Teil der Erde wirkte und wie weit sie bereits dort verloren war, wo ich herkam. Als ich das Elenia, Sela und Avenad gegenüber ansprach, erinnerten wir uns gemeinsam an die lange vergangene Zeit, in der wir alle in einem wunderbaren Einklang mit dieser Schöpfung über diese Erde gegangen waren, egal, in welcher Lebensform sie uns begegnete, und wie wichtig es sein würde, dieses wunderbare Wissen den Menschen und damit der ganzen Schöpfung zurückzubringen.

Hier war noch vieles davon erhalten, es gab genug Raum für jeden, und die Lebensfreude, in die Gaia alles einhüllte, spürte ich bei jedem Schritt, den ich ging. Nicht alle Menschen, die hier lebten, konnten das spüren, doch hatten alle Menschen, die mir begegneten, Achtsamkeit und Liebe in sich, die spürbar von ihnen ausgesandt wurde.

Wir nahmen noch eine kleine Mahlzeit zu uns, und dann begann unser Weg. Drei Frauen, von denen zwei fremd in diesem Teil der Erde waren, ein Pferd und ein Falke. Wir Frauen setzten einen Fuß vor den anderen und begannen eine lange Reise, die für Elenia und mich eine Reise der Liebe und der Weisheit werden würde. Ich hatte kein Ziel im Außen, das ich unbedingt erreichen wollte, und doch wusste ich, dass mir etwas in der Außenwelt begegnen würde, das mein Inneres heilen und endlich wieder zur Ruhe kommen lassen würde. Ziel meiner Reise war, meinen inneren Frieden mit alldem zu machen, was geschehen war und mit all meinen Gefühlen in Harmonie zu kommen, um die Göttin in mir selbst wieder spüren und entfalten zu können. Die Naturverbundenheit und die unendliche Liebe Elenias machte sie zu einer bereichernden Weggefährtin, und die tiefe Vertrautheit Selas mit diesem Teil der Mutter Erde ließ sie für mich zu einer Führerin werden, die viel mehr für mich tat, als meinen Weg zu begleiten.

Stumm gingen wir nebeneinander her, jede folgte ihren Gedanken, ihrer inneren Stimme und ihren dazu schwingenden Gefühlen. Im Gleichklang unserer Schritte begann meine Seele, Erinnerungen aus längst vergangenen Zeiten freizugeben, als ich die, die ich nun als Sela wiedergetroffen hatte, bereits auf Atlantis kennengelernt hatte. Die goldene Zeit auf Atlantis war eine vollkommen harmonische Zeit, in der ich zu einer der Familien gehört hatte, die die Verantwortung trugen und sich durch unendliche Weisheit und Liebe zu dem kosmischen Projekt bereit erklärt hatte. Wir standen damals in einem ständigen und klaren Kontakt zu vielen anderen Sternenvölkern, die viele ihrer Kinder und Experten zu uns sandten, wenn etwas gelernt oder integriert werden sollte. Es gab vieles, das nur auf Gaia gelernt werden konnte, und aufgrund ihrer Schönheit und Artenvielfalt bot sie für viele Sternenvölker Lern- und Entwicklungsmöglichkeiten. Viele Älteste kamen, um sich in der Schönheit der Erde zu erholen, die Zeit auf ihr zu genießen und ihre innere Ruhe zu finden. Sie verbrachten oft lange Phasen der Kontemplation hier, bevor sie wieder heimkehrten, um sich erneut der Verantwortung zu stellen, die sie auf ihren Heimatplaneten trugen.

Sela war dort damals lange Zeit Lehrerin für die ankommenden Kinder und auch für die Menschenkinder, die mit den Sternenkindern gemeinsam Gaia kennenlernten, ihnen halfen und auch von ihnen lernten. Es war eine große, wunderschöne Einrichtung unter freiem Himmel, die in einem

Gebiet von Atlantis lag, das sich durch friedliche und wunderschöne Landschaften auszeichnete. Ein kleiner offener Bereich war etwas abgegrenzt und war so als Schulbereich zu erkennen. Doch war alles frei und offen zugänglich, denn auch all die Tiere sollten die Möglichkeit haben, sich dazuzugesellen, wenn es ihnen ein Bedürfnis war. Im vorderen Bereich dieser Schule stand ein großer Kristall mit unendlich vielen, verschiedenfarbigen Facetten, der sich in einer schwebenden Verankerung hielt. Dieser Kristall diente als Übersetzer, der all das, was Sela die Kinder lehrte, in ihre Sprache übertrug. So gab es keinerlei Verständnisprobleme, bis alle Kinder ausreichend in derselben Sprache kommunizieren konnten. Doch auch dann war dieser Kristall von Nutzen, denn er schwang sich auch sofort ein, wenn die Kinder miteinander sprachen oder wenn ein Tier dazu kam. Er hatte die Funktion eines kosmischen Übersetzers.

Die Lebendigkeit und die Interaktionen dieser Schule zu sehen, war immer wieder eine große Freude, und allein das Zusehen war eine große Herausforderung. Sah jemand zu, der in das Geschehen nicht eingebunden war, war es ihm kaum möglich, den schnellen Abläufen zu folgen. Über eine sehr lange Zeit hatten wir alle viel Freude daran, mit welcher Leichtigkeit und mit welchem Erfolg die Kinder der Sternenvölker hier lernten, sich entwickelten und begeistert waren, hier zu sein. Sela war nicht die einzige Lehrerin dort, sondern arbeitete mit anderen Menschen und Vertretern der Sternenvölker zusammen. Es war vollkommen natürlich, dem Kristall eine veränderte Situation oder Absicht mitzuteilen; sofort stellte er sich um und war ein unentbehrlicher Helfer und Begleiter an diesem Ort und für diese Tätigkeiten.

Gleichzeitig hielt dieser facettenreiche Kristall gemeinsam mit zwei weiteren großen Kristallen ein stabiles Energiefeld um und über diesem Gebiet aufrecht, das auch als Schutzschild diente. So war es niemandem möglich, manipulativen Kontakt dorthin aufzunehmen, denn dieser Schild konnte von Tönen und Farbschwingungen nicht durchbrochen werden. So blieb auch das, was dort gesprochen und ausgetauscht wurde, in dem geschützten Raum; die Sternenkinder waren sicher, und sie fühlten sich dort auch sicher. Diese Schulen waren über Atlantis verteilt und lagen zwischen sanften Hügeln, in die die Kristalle harmonisch eingefügt waren und verlässlich ihre Arbeit taten. Meister Lemuel leitete dieses Projekt und arbeitete eng mit allen Beteiligten zusammen. Er selbst hatte bereits auf vielen Planeten gelebt und verfügte über weitreichende kosmische Erfahrungen, ganz besonders mit dem Umgang und den Einsatzmöglichkeiten der Kristalle, die in allen möglichen Farbvariationen und Formen unsere ständigen Begleiter waren.

Die Kristalle verbanden uns mit anderen Planeten und anderen Sonnensystemen, sie steuerten stabile Verbindungen, machten sofortige Kontaktaufnahmen über unendlich weite Entfernungen möglich und begleiteten Heilungs- und Aufbauarbeiten. Das gesamte atlantische Wissen wurde in Kristallen gespeichert, und jeder der neu ankommenden Sternenkinder trug einen kleinen Kristall bei sich, der mit dem ganz besonderen Übersetzerkristall verbunden war. So konnten die Sternenkinder sich gefahrlos überall bewegen, denn der große Kristall arbeitete immer für sie.

Sela und Meister Lemuel hüteten und schützten die Sternenkinder und waren ständig mit ihren Heimatplaneten in

Kontakt, um eine harmonische und unendlich liebevolle Verbundenheit sicherzustellen. Manchmal brachten die Sternenkinder Tiere von ihrem Heimatplaneten mit auf die Erde, von denen sie sich nicht trennen wollten, und auch diese wurden mit einbezogen und aufgenommen. Viele brachten auch Samen von Pflanzen und Gewächsen aller Art aus ihrer Heimat mit zu Mutter Erde, die dann sorgsam geprüft wurden. Kamen die für die Bepflanzung zuständigen Meister zu dem Schluss, dass diese Pflanzen gefahrlos auf Mutter Erde eine neue Heimat finden konnten, wurden sie liebevoll integriert. Im Laufe der Zeit wurden die genetischen Codes, Merkmale, Wesen und Herkunft der Arten in einen großen Speicherkristall eingegeben, um auf diese Weise die einzelnen Arten vor Eingriffen zu schützen und eine Datenbank als Grundlage für Heilungsarbeit zur Verfügung zu haben.

Sela machte die ankommenden Sternenkinder mit den Gegebenheiten der sie umgebenden Natur vertraut und lehrte sie die festgelegten Regeln, die zum Schutze Gaias und der Sternenvölker beschlossen worden waren. Das Wichtigste war, dass keine Eingriffe oder Übergriffe auf die Natur stattfinden durften, damit es nicht zu Vermischungen und Schädigungen der gesunden Schöpfung kam. Nur besonders ausgebildete und fähige Menschen bewegten sich außerhalb des abgegrenzten Raumes, der zum Schutz für alle Geschöpfe diente. In dieser tiefen Achtsamkeit konnten wir uns alle sicher und aufgehoben fühlen und lernten mehr und mehr, dass ein Zusammenleben mit Mutter Erde für alle Bewohner möglich war, und so erlebten wir dort eine wunderbare Zeit.

Es war Zeit für eine Rast. Elenia holte mich aus meinen Erinnerungen zurück, und ich sah mich um. Wir waren in einer offenen Landschaft mit sanften Hügeln angekommen, die an mehreren Seiten mit Wald umsäumt war.

Ich hatte nicht bemerkt, dass wir keinem vorgegebenen Weg mehr gefolgt waren, und ich genoss für den Moment einfach den weiten Blick über das Land. In der Ferne sah ich Wildtiere stehen, die kurz zu uns aufschauten, dann aber friedlich weitergrasten. Sela führte ihr Pferd zu einem Bach, nachdem sie ihm die Lasten abgenommen hatte, und Elenia war bereits dabei, eine kleine Mahlzeit auf dem Boden auszubreiten. Ich ließ mich in das Gras sinken und beobachtete Sela und ihr Pferd. Der Falke fehlte. Auf meine Frage hin erzählte mir Elenia, dass der Falke nach einer kurzen Wegstrecke fortgeflogen sei und Sela gesagt habe, dass er wiederkommen würde, wenn es nötig sei. Die beiden Frauen hatten bemerkt, dass ich meinen Erinnerungen gefolgt war, während ich mich beim Gehen eingeschwungen hatte. So hatten sie mich einfach gelassen, und wir waren weit gewandert. Für den Abend war unsere Ankunft in einer kleinen Gemeinschaft geplant, sodass wir über Nacht behütet dort würden bleiben können.

Sela kam zu uns, und ich erzählte ihr von meinen Erinnerungen. Sie wusste um diese Zusammenhänge, und so entstand ein lebhaftes Gespräch zwischen uns über all die Erfahrungen und über all das, was dann Schmerz, Krankheit und Leid über die Menschheit und die ganze Erde gebracht hatte. Es erfüllte mich mit tiefer Freude, mich mit Sela über ihre und meine Erfahrungen austauschen zu können, und das tiefe Wiedererkennen unserer Seelen machte mich rundherum glücklich. Ich wusste nun, dass wir zwar über die Erde verstreut waren, doch dass es immer noch das wunderbare Band gab, das uns alle einander wiederfinden ließ. Solange dieses lichtvolle Netz noch wirksam war, konnte es immer wieder aktiviert und gestärkt werden, bis zur großen Zeitenwende. Ich fragte Sela nach dem Verbleib des Falken, und sie erklärte mir, dass er uns in einer kleinen Dorfgemeinschaft ankündige, damit die Menschen dort auf unsere Ankunft vorbereitet waren. Auch stellte sein scharfer Blick von hoch oben sicher, dass uns keine Gefahren durch kämpfende Truppen drohten, denn es zogen teilweise sehr aggressive Besatzer durch das Land, denen wir ausweichen sollten, so lange und sooft es uns nur möglich war.

Niemand hier in diesem Land verstand, warum sie angriffen und ins Land einmarschierten, und warum sie diesem Land ihre Ordnung aufzwingen wollten. Doch es geschah, und die Menschen versuchten, ihnen so gut wie möglich auszuweichen oder sich zur Wehr zu setzen. Sela, Elenia und ich sprachen über diese Aggressoren und über die Gründe, die zu diesen Angriffen führten. Ich konnte spüren, dass die Ereignisse Sela große Sorgen bereiteten, und ich sprach sie darauf an. Sie erklärte mir, dass das eigentliche Ziel der Angriffe wohl Avalon wäre, um die spirituelle Kraft des Lichts, die von dort ausging, nutzen zu können.

Es war wie damals in Atlantis, als die dunkle Kraft versuchte, des Wissens und der Kristalle habhaft zu werden, und wir erinnerten uns gut daran, wie sorgsam wir alles geschützt hatten, bevor ich Atlantis verließ und der ganze Kontinent letztendlich in den Fluten versank.

Wir waren uns einig und sicher, dass Avalon niemals von den Angreifern erreicht werden würde, doch wussten wir, dass Avalon dann in den Dimensionen, gehütet von dem Feenvolk, zwischen den Nebeln verschwinden würde. Das würde bedeuteten, dass Sela nicht nach Avalon zurückkehren könnte, wenn unsere Reise beendet war, und auch ich Avalon nicht erreichen würde.

Für mich hieße das, dass ich auf einem anderen Weg zu den Aufstiegsebenen zurückgehen würde als über den wunderbaren Platz zwischen den Welten auf Avalon, doch für Sela würde es den Verlust der Heimat bedeuten. Ich fragte sie danach, und sie erklärte mir, dass es besser sei, sie wäre lange Zeit heimatlos, als dass Avalon in die Hände der dunklen Kräfte gelangen würde. Mein Angebot, sie mit den Meisterinnen und Meistern zu verbinden und dort eine Heimat zu finden, bis Avalon wieder erreichbar war, lehnte sie dankend ab. Sie gehöre zu Gaia, zur Mutter Erde, und dort würde sie auch gern bleiben. Ihr ganzes Herz war zutiefst mit den Kräften Gaias und der Feenwelt verbunden, und sie würde immer den Weg ihres Herzens gehen.

Ich war betroffen von ihren Worten, und auch Elenia hatte sich dezent zurückgezogen. Sela stand auf und ging zu ihrem Pferd, und nach einer Weile hörte ich den schrillen Ruf des Falken aus den leichten Wolken am Himmel. Dann kam er im Sturzflug geradewegs herunter, um mit einer sanften Kurve elegant auf Selas ausgestrecktem Arm zu landen. Sofort umgab ein leuchtendes Strahlen die junge Priesterin, das mir deutlich die tiefe Verbundenheit zwischen ihr und diesem freien Geschöpf der Göttin zeigte. Ich erinnerte mich an Ägypten und die Tempel der Isis, die zutiefst verbunden waren mit Horus, dem Sohn der Isis. Der Falke war ein uraltes, wunderschönes Symbol der Liebe, Freiheit und Stärke.

Wir alle wussten, dass die Priesterinnen Avalons sich frei durch alle Dimensionen bewegen konnten und dass sie ihre Entscheidungen über ihren Aufenthaltsort vollkommen unabhängig trafen. Die tiefe innere Verbundenheit, die diese Meisterinnen der Elemente seit dem Anfang mit Gaia selbst hatten, ließ sie immer wieder Wege gehen, die große Herausforderungen für sie bereithielten. Für sie gab es das Thema der Überwindung des Egos oder der Entwicklung der bedingungslosen Liebe nicht; sie sind in diesen Energien personifiziert. Und doch spürte ich in mir, dass ich Sela vermissen würde, wenn unsere Wege sich wieder trennten, denn die Umstände, die sie vielleicht daran hindern würden, nach Avalon zurückzukehren, erfüllten mich mit Traurigkeit. Ich spürte meinem Gefühl nach, und mich erfüllte Dankbarkeit dafür.

Nach einem kurzen Moment kam Sela mit schwungvollem Schritt zu uns und sagte, dass der Weg zum nächsten Dorf frei und sicher sei; voller Freude beluden wir das Pferd und machten uns auf den restlichen Weg. Ich freute mich darauf, die Menschen dort kennenzulernen. Zu dieser Zeit bemerkte ich immer zwischendurch einen kurzen, geistigen Impuls, der von meinem Sohn kam. Ich antwortete ihm, dass ich am Abend gern mit ihm Kontakt aufnehmen würde, und freute mich darauf, ihm wieder einmal näher zu sein.

Voller Freude und Leichtigkeit näherten wir uns dem Dorf, und nach kurzer Zeit sahen wir Kinder auf uns zulaufen. Es war ein unendlich schönes Bild, das sich da voller Lebenskraft auf uns zubewegte, und auch wir strebten den Kindern entgegen. Sie begrüßten uns vollkommen vertraut, nahmen unsere Hände in ihre kleinen Hände und führten uns in das Dorf, in dem bereits alle Bewohner auf uns warteten. Wir wurden von Freundschaft und Warmherzigkeit eingehüllt und hatten sofort das Gefühl, angekommen zu sein.

Ein fröhlicher Abend erwartete uns, und wir ließen uns aus ganzem Herzen auf all die Menschen ein, die uns umringten. Wache und liebevolle Fragen wurden uns gestellt, und es war ein munteres Reden und Treiben, bis ein Mann auf uns zukam, der eindeutig der Dorfälteste und wohl auch der Weise im Dorf war. Erneut durchflog mich ein tiefes Erkennen, und wir begrüßten uns herzlich und offen. Dieser weise Mann, sein Name war Sariel, bat die Bewohner des Dorfes, uns erst einmal ankommen zu lassen, und führte uns zu einem Haus, in dem wir alle uns frisch machen und umziehen konnten. In dem Gästehaus fanden wir frisches Wasser und kleine Kuchen, und so begannen Elenia und ich, uns dort einzurichten, während Sela erst einmal ihr Pferd versorgte.

So wanderte ich lange Zeit durch die Landschaften des Nordens, immer begleitet von Elenia und Sela. Die meisterliche Verbundenheit zu meiner Heimat, dem Tempel des blauen Strahls, gab mir die Möglichkeit, in den Gesprächen, die ich mit den Weisen des Landes führte, auch die Worte El Moryas weiterzugeben.

Als ich zu einem Treffen der Druidinnen eingeladen wurde, öffnete sich für mich der heilige weibliche Raum in seiner Ganzheit. Mehr und mehr breitete sich innerer Friede in mir aus und brachte mich mit mir selbst, meinem Leben als Frau und als Meisterin in Harmonie.

Ich sprach mit vielen Menschen, die sich nichts anderes wünschten als Frieden im Innen und im Außen. Menschen, die in Dankbarkeit, Demut und Liebe mit der sie umgebenden Schöpfung verbunden waren und mit ihrer Weisheit anderen Menschen auf ihrem Weg halfen. Als ich die tiefe Harmonie in mir spürte, wusste ich, dass Avalon mich erwartete, um von dort aus durch die Dimensionen und wieder auf die meisterliche Ebene zu gelangen. Ein stilles Einverständnis schwang zwischen mir, Sela und Elenia, und als ich am Ufer eines wunderschönen Sees stand, über dessen Wasser unendlich viele kleine Lichter in allen Farben tanzten, begann mein Lichtkörper sich zu öffnen und meinem körperlichen Sein vorauszueilen. Ein flaches Boot brachte uns Frauen auf die größte der heiligen Inseln, und ich verbrachte dort noch eine kurze Zeit. Nach unserem Abschied von Sela, der sich durch unsere tiefe Verbundenheit nicht endgültig anfühlte, schritten Elenia und ich den Berg hinauf, um die Dimensionen zu durchschreiten. Der Gesang der Drachen begleitete uns und öffnete die Tore, und Elenia und ich verließen unser menschliches Leben und gingen nach Hause, zurück in die meisterlichen Dimension.

19

Mit auf den Weg gegeben

Ich hatte ein wunderbares, lehrreiches und erkenntnisreiches Leben als Miriam Merea, und ich hatte in diesem Leben auch wieder den Zugang zu der großen Schöpfergöttin gefunden, bedingt durch unsere Flucht. Dort, in meinem freien Frauenleben, durfte ich vieles wiederfinden, was noch geschützt und gesichert war und auch heute noch ist. Die wunderbaren Frauen, die mich dort in Frankreich, in Europa, und auf den heiligen Inseln in ihre Obhut nahmen, die mich lehrten, mit mir lachten und mit mir weinten, schütze ich bis heute aus dem blauen Strahl heraus. Gemeinsam mit El Morya halte ich das Licht und die Kraft der Göttin für sie, und so kann ich ihnen helfen, den Plan für die Wiederkehr der großen Göttin aufrechtzuerhalten.

Voller Dankbarkeit und Liebe bin ich bis heute mit diesen Frauen verbunden, und vielleicht hat genau diese tiefe Verbundenheit entsetzlicherweise dazu beigetragen, dass diese Frauen, diese Hüterinnen, später verfolgt, gefoltert und verbrannt wurden. Der Versuch, all das wunderbare Wissen dieser Frauen zu vernichten und ihre Liebe für Gaia auszulöschen, gipfelt in der Darstellung der Person, die ich damals war, als eine energetisch arme Figur in denkwürdigen Gebäuden. Die Machthaber schufen das Elemental einer Mutterfigur, das für mich vollkommen bedeutungslos und wirkungslos ist. Ich konnte nicht in einer derartigen Gipsfigur gebannt werden, und das mangelnde Potenzial vieler Menschen, die eine derartige Darstellung nicht hinterfragen, kümmert mich nicht. Die Menschen haben einen freien Willen, und wer mit einer Gipsfigur zufrieden ist, für den ist es auch richtig und ausreichend, von einer Gipsfigur geleitet und geführt zu werden und diese gar als Ausdruck eines göttlichen Prinzips zu verstehen oder als Vorbild anzusehen.

Die, die ihr als Mutter Maria bezeichnet, ist nichts anderes als ein Elemental in Form einer armseligen Gipsfigur. Doch für all die wunderbaren und weisen Frauen, die in sich das unzerstörbare Licht der Göttin tragen, habe ich nun die Geschichte meines Lebens als Miriam Merea diktiert. Ich wünsche mir, dass all diese Frauen wissen, dass ich sie niemals vergessen oder verlassen habe. Und dass keine weltliche oder menschliche Macht dazu fähig ist, mich als eine lächerliche Gipsfigur darzustellen. Ich erscheine den Frauen und den Menschen, die ich für würdig halte, und ich begleite und schütze sie auf ihren Wegen mit der klaren Kraft des blauen Strahls, der die kosmische Verbundenheit in Freiheit, Frieden und Menschlichkeit verbreitet.

Hast du das Gefühl, dass die Energien, die sich in die Richtung der »Mutter Maria« bewegen, dich angreifen, behindern oder stören, so leite sie mit deiner klaren Absicht zu den Skulpturen weiter, die du überall in den Kirchen sehen kannst. Es ist durchaus möglich, dass du in einer früheren Inkarnation unter dem Symbol dieser Skulptur ein Gelübde abgelegt hast oder Opfer einer magischen Handlung wurdest. Dann verfangen diese Anbetungen bei dir immer wieder in dem entsprechenden Bereich, da diese Art von Ritual als eine Art Schlüssel in deinem Lichtkörper funktioniert. Nimm diese denkwürdigen Energien, die dich erreichen, und gib sie voller Freude dorthin ab, wo sie hingehören: An die Darstellung des Elementales, von dem ich eben gesprochen habe.

Löse dich aus diesen alten Geschichten, und frage nicht weiter nach, inwieweit du damit verbunden warst. Gehe in die neue Energie des Wassermannzeitalters, und lasse diese alten, dunklen Netze hinter dir. Erreichen dich Energien von dort, dann sende sie dorthin zurück, mit einem Lachen und einem offenen Herzen. Erfreue dich an deiner ganzheitlichen Freiheit und an deinem Sein, im Hier und Jetzt, auf Gaia, im Lichte und zur Freude der großen Schöpfergöttin, deren sichtbarer Ausdruck Gaia ist. Verbinde dich mit dem Licht, das du bist, und sei eine Brücke zwischen den Dimensionen, die dir bereits zugänglich sind.

Viel Misstrauen und Angst wurden zwischen den Frauen durch die Elementale gesät, die in den Religionen angebetet werden. So haben die spirituellen Hüterinnen gelernt, keiner Frau mehr zu vertrauen, erlebten sie doch damals eine grauenvolle Verfolgung und Folter, die auch noch im Namen desjenigen durchgeführt wurde, der gekommen war, um der Menschheit die Liebe der Göttin wiederzubringen. Nichts war Yeshua mehr zuwider als Gewalt gegen Mensch und Tier. Er selbst hat aufgrund seiner eigenen Erfahrungen und seiner ganz eigenen Geschichte eine tiefe Liebe entwickelt zu allem, was ist und lebt. Niemals hätte er oder ich eine Hand gegen diese Frauen und Mädchen erhoben, denn wir waren gerade mit den Menschen des Nordens zutiefst verbunden, in Dankbarkeit und Liebe.

Yeshua wurde nun leidend, gefoltert und gekreuzigt dargestellt. Und erstaunlicherweise begrüßt ihr sogar eure neugeborenen Kinder unter diesem Abbild der Folter. Und die Gipsfigur, die danebensteht, meist mit einem Kind im Arm, soll das Ganze dann auch noch schützen und segnen. Was sagt so ein Bildnis oder eine solche Figur einem kleinen Kind? Was sagt sie den Erwachsenen, die sie regelmäßig anbeten? Yeshua wäre für die Menschheit gestorben; er wäre durch die Menschheit gestorben, die in einem Teil dieser Erde sein Leben beendet sehen wollte. Die Menschen, die sehen und erleben wollten, wie dieser Eingeweihte seiner Kräfte durch Folter beraubt wurde und schließlich sein Leben am Kreuz beendete wie ein sterblicher Mensch. Sein Leiden und sein Sterben machte ihn zu einem normalen Menschen, und niemand kam darauf, dass er auch nichts anderes sein wollte. Er wollte sich nicht erheben über die Menschen, denn er wollte zwischen ihnen sein und sie lehren. Er wollte Gottes Wort verkünden, wie es sein Auftrag war. Doch die Menschen, die bei seiner Kreuzigung jubelten, hatten all das nicht verstanden.

Ich als seine Mutter hatte ihn heranwachsen sehen, hatte mit ihm gelacht und mit ihm geweint. Und ständig stand ich mit in dieser unendlichen Liebe, die er war und die aus ihm heraus in die Schöpfung erstrahlte. Er wusste um den Missbrauch des Weiblichen, er wusste darum, wie viele Frauen gezwungen wurden, Kinder zu bekommen, die zur Erhaltung einer bestimmten Linie dienten. Er wusste um die schreckliche Ritualmagie, die für Frauen verwendet wurde, um sie zu schwängern und dadurch eine Saat zu erhalten. Und er wusste um die kosmischen Regeln, die besagen, dass der Zeugungsakt Einfluss auf die Qualität der Seele hat, die sich inkarnieren wird, und ihre Schwingung beeinflusst.

Die Energie, die in tiefer Liebe zwischen einer Frau und einem Mann freigesetzt wird, wenn sie sich körperlich vereinigen, schwingt durch das ganze Universum und ruft Seelen der Liebe herbei. Die Energie, die bei einer gewaltsamen oder gleichgültigen körperlichen Vereinigung freigesetzt wird, kann gewaltbereite oder gleichgültige Seelen einladen. Manches Mal lässt sich das eine oder andere noch verhindern und ausgleichen, oder extreme Gegensätze finden statt und lösen Resonanzen aus, die dann eine lichtvolle Seele herbeirufen. Und so ist es für die Frau eine große Herausforderung, kontinuierlich in einer stabilen Energie zu sein, wenn sie eine Seele zu sich eingeladen oder sich entschieden hat, einer Seele diesen Weg zu ermöglichen.

Yeshua wusste um diese Regeln, und er wusste, wie wichtig die Einhaltung dieser Regeln in Liebe für die Heilung Gaias waren. Und da er selbst reine göttliche Liebe war, konnte er nichts anderes nach Gaia bringen. Auch ich wusste immer um diese Regeln, die dazu da waren, das Weibliche, und vor allem Gaia selbst, zu schützen. Kinder, die im Licht der Seele und des Göttlichen empfangen und geboren werden, sind Kinder, die aus sich heraus in dieser Welt erstrahlen.

Und so werde ich weiterhin da sein, mit all meiner Liebe und meiner ganzen Kraft, für die Frauen und die Mädchen, die immer noch das Licht der Göttin in sich tragen, und ganz besonders für all die Menschen, die auch das Licht Yeshuas und Magdalenas in sich tragen. Meine freie Energie, mein freies Sein und meine ungebundene Kraft teile ich aus ganzem Herzen mit allen Menschen, die im göttlichen Licht stehen und ihr Leben in Liebe und Mitgefühl für die ganze Schöpfung gestalten. Und stehst du vor einer Herausforderung, so reiche ich dir meine Hände aus den kosmischen Reichen.

20

Frieden, Liebe und Menschlichkeit

Für all die erhabenen Seelen, die wieder und wieder auf Mutter Erde inkarnieren, ist die Botschaft von Frieden, Liebe und Menschlichkeit das wunderbare Geschenk, das sie aus den anderen Dimensionen mitbringen. Die tiefe Resignation, die sie überkommt, wenn sie beginnen, in ihrem menschlichen Sein die sogenannte Realität zu erfassen, schwingt in ihren Lichtkörpern. Die tiefe Fassungslosigkeit, dass es der Menschheit nicht gelungen ist, sich als eine Menschheit zu verstehen und in Frieden und Liebe auf Gaia zu leben, lässt viele lichtvolle Seelen traurig, zornig und verzweifelt werden. Angst, Misstrauen, Gier und viele Einschränkungen des Lichtkörpers und des spirituellen Selbst sind das sich ständig wiederholende Resultat des Vergessens und der Manipulation.

Göttin, Gott, Schöpfer oder Schöpferin – das sind Namen für eine erhabene Energie, die mit all ihrer unendlichen Liebe, Weisheit und Güte eine Resonanz in dir finden sollte. Es ist eine trauriges Bild, wenn ausgerechnet die Menschen, die sich selbst für ausgesprochen religiös (also verbunden mit dem Göttlichen) halten, teilweise eine Aggressivität, Dominanz und Arroganz an den Tag legen, die erschreckend und sogar bedrohlich für andersdenkende Menschen ist. All diese »religiösen« Menschen sollten sich einmal darüber Gedanken machen, mit wem oder was sie verbunden sind und für wen oder was sie sich zur Verfügung stellen, wenn durch sie eine derartige Gewaltbereitschaft gegenüber der göttlichen Vielfalt der Schöpfung und ihren Mitmenschen in diese Welt gebracht wird. Eine menschliche Seele, die wirklich mit Gott oder Göttin verbunden ist, sieht das Lichtvolle und Göttliche in allem und ist gar nicht in der Lage, gegen einen Teil der göttlichen Schöpfung vorzugehen.

Ich kenne keine wahrlich lichtvolle Instanz, die dazu auffordert, zu prügeln, zu quälen, zu beschimpfen und zu missbrauchen. Vor langer Zeit wurde diese dunkle Saat in die Welt gebracht, doch trotz aller Mühe der dunklen Saat kehrten die Menschen in ihrem lichtvollen Sein überall und immer wieder auf den liebevollen Weg zurück. Und so begannen die dunklen Kräfte, Netze aus Angst, Lügen und bösartiger Manipulation zu ziehen, um die Menschen vergessen zu lassen, dass sie Wesen aus göttlichem Licht sind, deren Auftrag es ist, diese Schöpfung zu hüten und sich selbst in ihr zu erkennen, sich wiederzufinden und zu erlösen. Das kann jeder Mensch tun, wenn er mit offenen Augen durch die Welt geht und sich selbst in dem anderen wiederfindet. Sie sind alle ein Ausbund an Liebe.

In dieser Schöpfung, die selbst göttlich und vollkommen ist, ist alles miteinander und beieinander möglich, und genau das für sich selbst im tiefen Inneren zu finden, ist die Lernaufgabe jedes inkarnierten Sternenkindes und jedes Menschen. Den eigenen Lebensauftrag und die eigene Lebenssehnsucht zu erkennen, anzuerkennen und voller

Dankbarkeit zu begrüßen, ist der Weg zur Erleuchtung, wie ihr es nennt. Die innere Freiheit kannst du finden, wenn du immer bescheidener und demütiger im Lichte der Schöpfung, im Lichte der Göttin selbst wirst, dir selbst und auch dem gegenüber, was dir begegnet. Die endgültige Transformation des sogenannten Egos kann von selbst stattfinden, wenn du bereit bist, dich einzulassen und loszulassen. Denn was du loslässt, kann transformiert und geheilt zu dir zurückkehren.

In den kommenden Jahren durchläuft die ganze Menschheit einen intensiven Transformationsprozess, der, äußerlich betrachtet, auch eine selektive Seite hat. Das Bewusstsein, dass Lern- und Lehraufgaben nicht nur auf Mutter Erde, auf Gaia, stattfinden, breitet sich mehr und mehr aus, und so werden viele derer, die in dieser Zeit des Wandels Mutter Erde, der ganzen Schöpfung und den Menschen beistehen, am Ende dieser Phase ihre Wege zu anderen Planeten und teilweise auch in andere Universen antreten. Auch dort können sie lernen und lehren, denn auch dort existieren überall verschiedene Entwicklungsstufen der jeweiligen Planetenvölker.

Der sogenannte Heimatplanet, zu dem viele von euch für eine Weile gehen werden, ist für die Seele oft ein Ort, an dem sie sich eine Weile erholt und das in der vergangenen Inkarnation erworbene Wissen integriert, um als kosmische Botschafterin dann die nächste Reise anzutreten. Sie wird begleitet, und jede Seele darf und soll in einer Zeit der Inkarnation frei und selbstermächtigt entscheiden, von wem sie begleitet werden will. Auch kannst du bereits zur Zeit deiner Verkörperung auf Mutter Erde für dich ganz klare Reisewege festlegen oder eine erste Station bestimmen, von der aus du dann deine weiteren Wege beginnen wirst.

Viele derer, die ihr Meisterinnen und Meister nennt, inkarnierten immer wieder, weil sie um die schweren Verletzungen der Schöpfung, der Mutter Erde und der Weltenseele Gaia wussten. Dieser Missbrauch der Schöpferinnenkraft, der immer gigantischere Ausmaße angenommen hat, begann mit der Vertreibung der Lilith. Die Herrschaft und Steuerung über die Fortpflanzungsfähigkeit aller Geschöpfe auf Mutter Erde zu haben, wurde als größter Machtfaktor erkannt und mit der Zeit mehr und mehr gesteuert. Der Ehrgeiz der dunklen Saat, ein »eigenes Geschöpf« zu erschaffen, lässt dieses Projekt aus sich selbst heraus einfach weiter und weiter laufen. Die Göttin Lilith, die als personifizierter Ausdruck der kosmischen und irdischen Schöpfergöttin steht, wurde laut der Schriften an das Ende der Welt gejagt, doch die, die als Lilith bezeichnet wird, sieht das Wirken der Menschheit und wirkt als aufmerksames Auge und Ohr Gaias. Sie hat keinen einzigen Grund, der menschlichen Rasse wohlgesonnen zu sein, denn diese hat sie verraten und hintergangen. Da Lilith die Entstehung der Menschheit genauso miterlebt hat wie die Entstehung vieler anderer Rassen auf Gaia, weiß sie um die genetischen Codes, die gesetzt wurden; doch sie weiß auch, dass die menschliche Rasse nicht Opfer einer dunklen Macht, sondern zu einem großen Teil Handlanger einer dunklen Macht ist. So beobachtet sie wachsam und lauscht aufmerksam allem, was geschieht.

Letztendlich wird die Rasse Mensch sie überzeugen müssen, dass sie dieser Schöpfung wert ist, denn die Verlagerung des fruchtbaren und schöpferischen Teiles der Mutter Erde auf einen anderen Planeten oder in ein anderes Universum stellt für sie und Lady Gaia eine kreative und schöpferische Aufgabe dar. Dann würde von dem Planeten, den du jetzt gerade bewohnst, nur ein toter kosmischer Klumpen übrig bleiben.

Lilith hat die dunkelste Zeit der Menschheit miterlebt, und ihre Erfahrungen und ihr unendliches Leid haben sie zu einer großen Göttin werden lassen, die weit über den Rand unseres Universums hinausblickt. Sie ist ein mächtiger und lichtvoller Teil Gaias, und sie verbindet eine tiefe Liebe mit der unendlichen, kosmischen Schöpfung. Suchst du Heilung von all den Verletzungen, die du davongetragen hast, und willst du gleichzeitig Heilung für Gaia bringen, so verbinde dich mit ihr und wecke die lilithische Kraft, die in dir schlummert. Rufe sie und bitte sie, dich auf deinem Weg zu begleiten, und sie wird dir Augen und Ohren öffnen. Sie wird dich vieles sehen und erkennen lassen, was für dich noch nicht sicht- und hörbar ist, doch wird sie auch an deiner Seite sein und deine Hand halten, damit du heilen kannst in ihrer Liebe und in der gemeinsamen Liebe zu Mutter Erde, in der wir alle mit dir verbunden sind.

In lichtvoller Liebe und Verbundenheit,
Lady Miriam von Chaldäa

21

Schlussworte

Die Autorin spricht:

Vor vielen Jahren las ich in den Apokryphen das sogenannte »Petrus-Evangelium«, das vermutlich im zweiten Jahrhundert nach Christus irgendwo im heutigen Syrien entstand. Ich war einigermaßen erstaunt, was ich darin fand, und konnte es als Schamanin doch gut umsetzen. Dort schildert angeblich Petrus, was Jesus ihm über die Gründe erzählt hatte, aus denen er überhaupt auf die Erde gekommen war.

Natürlich kam mir immer wieder die Frage in den Sinn, wie das wohl für Lady Miriam war, und so begann ich, sie zu channeln. Sie wies mich immer wieder auf dieses Thema hin, denn sie wusste ja, wie sehr es mich beschäftigte. Und immer wieder habe ich erlebt, dass die Meisterinnen und Meister sich auf ihre unnachahmliche, liebevolle Weise bemühen, auch mich als Mensch und Autorin von inneren Konflikten zu erlösen und endlich die Themen anzusprechen, die mich ganz persönlich bewegen. Wie die von reiner Liebe und Tod.

Ich gehe nicht davon aus, dass dir als Leserin oder als Leser der Inhalt des »Petrus-Evangeliums« bekannt ist, doch sind die Antworten, die man mir im folgenden Text gab, für dich vielleicht Grund genug, dort einmal nachzulesen.

Lady Miriam und ich gehen davon aus, dass auch du diese tiefe Liebe beim Lesen erfahren kannst, die mich beim Schreiben und in ihrer Anwesenheit durchströmte.

Lady Miriam von Chaldäa spricht:

Mein Weg war geplant und vorbereitet, und er war erfüllt von unendlicher Liebe. Die Verbundenheit mit den Erzengeln ließ mich niemals einsam oder allein sein. Ich war trainiert und geübt darin, die hohen Energien einer lichtvollen Kraft wahrnehmen zu können, und spürte es klar und deutlich, wenn die Schwingung eines Erzengels mich einhüllte. Als Hathor und als Isis-Priesterin habe ich vieles erlebt, was durch die Verschiebung und Manipulation der Dimensionen möglich war. Doch war ich nicht darauf vorbereitet, einen leibhaftigen, etwa menschengroßen Engel vor mir zu sehen, so wie es dann mit Gabriel geschah.

Meine Freude und meine Begeisterung erfüllten mein ganzes Sein, und so verlor ich jede Skepsis und jede Achtsamkeit. Auch erreichte mich keine Vorahnung, und so wurde das Trugbild des Erzengels Gabriel letztendlich bestimmend für mein Leben. Ich ahnte nicht, dass sich hinter diesem Trugbild ein Magier verbarg, der die Gestalt des Erzengels nutzte, um mich dazu zu bringen, ihm eine Inkarnation als Mensch zu ermöglichen. Ich hätte später nicht mehr sagen können, ob ich auch dem Wesen, das dieses Trugbild erschuf, diese Möglichkeit gegeben hätte, denn die Situation trat ein und voller Ehrfurcht und Verblüffung erklärte ich mich bereit, Mutter von »Gottes Sohn« zu werden.

Mir war vom Anfang meiner Inkarnation an bewusst, dass ich in der Inkarnation als Maria einen wichtigen Auftrag der weißen Bruderschaft und des kosmischen Rates zu erfüllen hatte, und ich wollte ihn auch erfüllen. Doch mein kritisches Denken und meine ansonsten ausgeprägte Wahrnehmungsfähigkeit waren ausgeschaltet, als der »Erzengel Gabriel« vor mir stand, und ich nehme an, dass meine Begeisterungsfähigkeit und auch meine Liebe zu den Engeln mich so zum »Opfer« einer großen Täuschung werden ließen. Doch empfand ich mich selbst niemals als Opfer, denn als ich zu verstehen begann, wie alles zusammenhing, erfüllte mich tiefe Dankbarkeit über dieses Wunder, das mich in Gestalt meines wunderbaren Sohnes ereilt hatte, der sich aufgemacht hatte, der Göttin zu begegnen. Dass er als ein gesegnetes Wesen des Lichts in der Lage war, sich frei durch alle Dimensionen zu bewegen, um letztendlich in der Welt der Menschen anzukommen, zeichnete ihn aus. Und seine unerschütterliche Liebe ließ ihn dann auch überstehen, was ihm auf seinem Weg begegnete.

Der Konflikt, der sich dann zeitweilig in mir einstellte, entstand aus der Liebe zu meinem Kind und dem Wissen darum, dass genau dieses Kind auch in der Lage war, eine derartige Täuschung zu begehen. Nun war er geboren, mein Sohn, und ich konnte die Geschichte, dass der Erzengel Gabriel mir seine Geburt angekündigt hatte, der Außenwelt gegenüber nur noch aufrechterhalten, um nicht mein Kind und mich in Gefahr zu bringen. Innerhalb des Tempels, in dem ich damals meinen Dienst leistete, waren alle Priesterinnen in die Hintergründe eingeweiht, doch der Außenwelt gegenüber war es sicherer für uns alle, diese Geschichte zu erzählen.

Diese Erfahrung, diese Täuschung, trennten mich allerdings lange Zeit von der engelhaften Verbundenheit, denn ich fürchtete Gabriels Zorn und hatte Angst um mein Kind. So lernte ich die Gefühle von Furcht und Mutterliebe in einer derartigen Intensität kennen, die mich vieles lehrte. All die Mutterkräfte, die aus mir heraus entstanden und mich zu vielem befähigten, mit dem ich in mir selbst nicht gerechnet hätte, ließen mich eine tiefe Verbundenheit zu allen Müttern und Kindern entwickeln, die auch in der geistigen Welt einen wunderschönen Wirkungsbereich haben, den ich erfülle.

Lange Zeit später, als ich wieder zu meiner inneren Ruhe fand, erfuhr ich von Gabriel selbst, dass er keinerlei Zorn verspüre. Es war meine ganz persönliche Erfahrung zu meiner Wahrnehmungsfähigkeit, und ich hatte mich durch einen Magier täuschen lassen, der dann als mein Kind zum Menschen wurde. Das war etwas, was er sich wünschte, um so als liebevoller Mensch seine ganz eigenen Erfahrungen machen zu können. Erzengel Gabriel hatte keinen engelhaften oder göttlichen Grund, um einzugreifen, denn das, was damals geschah, war eine menschliche Erfahrung. Wir selbst hatten uns entschieden, in eine menschliche Inkarnation zu gehen, um die Verbundenheit der Menschen mit den lichtvollen Kräften der Galaxien zu erneuern und zu verstärken, und so setzten wir uns auch erneut den ganz menschlichen Empfindungen und Emotionen aus.

Nach vielen Gesprächen mit dem Erzengel Gabriel wuchsen in mir langsam Erleichterung, Vergebung und letztendlich ein kosmischer Humor für das Geschehene, denn die Erfahrungen, die ich als Mensch mit meinem Sohn gemacht hatte und die er selbst dann erlebte, prägten ihn und mich als die, die wir waren. Ich begriff damals, dass meine Schulungen noch lange nicht zu Ende waren, und mein Sohn suchte lange Zeit den Weg zurück in die Dimensionen, aus denen er gekommen war. Dass er seinen Heimweg ausgerechnet in einer Situation finden würde, in der er selbst überhaupt nicht damit gerechnet hatte, ließ ihm und mir bewusst werden, wie groß die Liebe und auch die Möglichkeiten der Göttin selbst sind.

Egal, aus welcher Dimension und mit welchem Wissen wir ausgerüstet waren und womit wir unsere Inkarnationen antraten – wir begegneten immer wieder dem Leben selbst und der Göttin selbst. Sie wies uns zurecht und lehrte uns auf ihre ganz eigene Art, dass es nicht möglich ist, sie zu missbrauchen. Sie spricht das letzte Wort und beschert uns gleichzeitig die größte Erkenntnis. Und so lehrte sie mich und meinen Sohn die Demut vor dem Leben und vor dem menschlichen Sein. Das war eine der wichtigsten und lehrreichsten Erfahrungen, die wir in unserem menschlichen Rollenspiel machen konnten.

Erst danach waren wir wirklich frei, wieder in die anderen Dimensionen zurückzukehren und auch die tiefe innere Bereitschaft für diese Heimkehr zu entwickeln. Nach all der unendlichen Zeit, in der wir uns in wechselnden Rollen begegnet waren, um zu lernen, uns zu entwickeln und auch für andere Menschen Lehrer zu sein, gelang es uns, unseren inneren Frieden mit den Ereignissen und den eigenen Erfahrungen zu machen.

Wir hatten vor langer Zeit begonnen, uns einzumischen und in unserer Unwissenheit in eine perfekte Schöpfung einzugreifen. Nun konnten wir diesen Zyklus endlich abschließen, soweit es uns beide betraf. Wir hatten etwas getan, an das wir wieder und wieder erinnert wurden, wenn wir auf Mutter Erde inkarnierten, und wir hatten wieder und wieder versucht, die Regeln unserer Dimension in eine Dimension zu implantieren, die eben nicht unsere war. Zeitweilig verstrickten wir uns mehr und mehr in menschliche Emotionen, die uns den inneren Frieden raubten. Wir gingen in unserer Überzeugung davon aus, dass wir etwas Gutes bringen würden und sahen uns wieder und wieder an, wie viel Chaos wir verursacht hatten, wie viele Hoffnungen und Illusionen wir geschaffen hatten und wie machtlos wir den Resultaten gegenüberstanden.

Uns selbst zu erkennen als Fremde in einer Schöpfung, die ihre eigenen Regeln hat, war die höchste Herausforderung, die uns schulte. Erst als wir anfingen, unseren inneren Frieden im persönlichen und im göttlichen Bereich zu suchen, begann für uns und für unsere Schöpfung die Heilung. Wir lernten, uns selbst zu vergeben und uns aus Schuldzuweisungen und Ängsten zu lösen, bei uns selbst anzukommen und uns zu erkennen in einer Dimension, in der auch jede meisterliche Seele auf Grund der vorgegebenen Möglichkeiten unvollkommen sein muss. Dieser Prozess ließ uns das Gesetz und die Kraft der Göttin erkennen und immer besser verstehen.

Frieden zu finden mit dem, was ist, löste dann die Bereitschaft dazu aus, sich als einen Teil des Ganzen zu erkennen und anzunehmen. Das Ende des Egos trat ein und erlöste uns beide, der Weg in die heimatliche Dimension begann sich zu öffnen, und wir traten ihn an. Dort sind wir, und von dort aus verbinden wir uns mit dir. Wir wissen um die menschlichen Wege und bemühen uns, dich in dieser wunderbaren Zeit zu begleiten, bei dir und um dich zu sein, wenn du deine Erfahrungen auf deiner Erdenreise machst. Ich hülle dich in den meisterlichen Frieden und in meisterliche Gerechtigkeit und Liebe ein, denn das kann ich dir von dort aus geben, wo ich bin. Ich begleite und halte dich, und ich helfe dir, deinen inneren Frieden in Liebe und göttlicher Harmonie zu erreichen, damit du ein glückliches und erfülltes Leben führst. An dessen Ende wirst du entscheiden, welche Wege du weitergehst; mit mir verbunden oder auch nicht mit mir verbunden. Ich helfe dir, all das Vergangene heilen zu lassen und frei von Schuld, Angst und Sühne dein Leben in der wunderbaren Schöpfung, die Mutter Erde ist, zu gestalten.

Die unendliche Liebe, die sie all ihren Geschöpfen entgegenbringt, und die Möglichkeiten, die ihr zur Verfügung stehen, sind weit mehr, als das menschliche Sein zu erfassen vermag. Sich darauf zu besinnen, dass du als Mensch nur dein Leben leben kannst und die Schöpfung dir ein Resonanzfeld bietet, das in diesem Universum nicht noch einmal in dieser Schönheit und Vielfalt vorhanden ist, kann dazu beitragen, dich für die Liebe Gaias zu öffnen und dein Herz mit bedingungsloser, oder schöner, kosmischer Liebe, zu erfüllen. Mutter Erde legt dir ihre Schöpfung in Liebe zu Füßen und stellt wieder und wieder die Frage, ob du sie in Liebe annehmen kannst, um sie zu hüten, zu pflegen und dabei dich selbst zu erkennen und die Liebe in dir zu entfalten.

Als Mutter eines Menschenkindes wirst du viele wunderschöne und auch viele aufrüttelnde Erfahrungen mit deinem Kind teilen. Doch solltest du mit dem Muttersein abschließen können, wenn dein Kind erwachsen ist. Einen großen Teil deiner Lebenszeit gibst du diesen Erfahrungen, und sie werden weit über diese eine Inkarnation hinaus in dir wirken, dich formen und erfüllen. Doch besinne dich darauf, dass das Kind in deinem Bauch und nicht in deinem Herzen herangewachsen ist und dass du es loslassen kannst und darfst, wenn die richtige Zeit dafür gekommen ist.

Auch wenn du einer oder mehreren Seelen die Möglichkeit gegeben hast, in dieser Schöpfung von dir geboren zu werden, so bist und bleibst du eine ganze Frau mit einem ganz eigenen Leben. Hast du das Gefühl, nach dem Erwachsenwerden deines Kindes nur schwer wieder du selbst werden zu können, so verbinde dich mit dem Teil deiner kosmischen Matrix, der ganz für dich selbst steht. Es reicht aus, wenn du das mit einer klaren Absichtserklärung tust. Um es dir zu erleichtern, kannst du dich mit dem Teil deiner kosmischen Matrix verbinden, die mit dem Alter vor deiner ersten Schwangerschaft verbunden ist. Erinnere dich an die Zeit vorher, damit du die Themen und Unsicherheiten annehmen und heilen kannst, die zu dieser Zeit in deinem Leben bestanden, denn auch diese werden durch die erneute Aktivierung wieder aktuell.

Natürlich kannst du dich auch wegen anderer Themen mit deiner vollendeten, kosmischen Matrix verbinden und alles wieder installieren, was dir im Laufe der Zeit verloren ging. Dein Geist sollte mit der Zeit weiser und weiser werden, doch bedeutet das nicht, dass du dich selbst verlieren musst. In Harmonie kann vollendete Integration stattfinden, indem du dich mehr und mehr an die kosmischen Regeln und Gesetze erinnerst.

Lege dir einen Kreis aus den fünfzehn Calciten, die der Maha Cohan bereits nannte. Nimm je drei von einer Farbe; drei blaue Calcite, um dich mit der lichtvollen Energie des Erzengels Michael zu verbinden; drei gelbe Calcite, um dich mit der Energie des Erzengels Gabrielle zu verbinden; drei rote Calcite, um dich mit der Energie des Erzengels Chamuelle zu verbinden; drei grüne Calcite, um dich mit der Energie des Erzengels Raphael zu verbinden, und drei weiße Calcite, um dich mit der Energie des Erzengels Haniel zu verbinden. Lege immer je einen Calcit von einer Farbe neben einen Calciten der nächsten Farbe. Dein Kreis besteht dann aus drei Calcitgruppen, in der alle fünf Farben enthalten sind. Solltest du dich wohler fühlen, wenn du drei gelbe neben drei rote Calcite legst und daneben wieder drei grüne, dann lege deinen heiligen Kreis dementsprechend.

Um die Feinabstimmung der kosmischen Matrix vollständig zu erreichen und sie vollständig zu integrieren, ist es besser, wenn je ein Calcit neben einem andersfarbigen Calcit liegt. So können die kosmischen Strahlen und die lichtvolle Kraft der Erzengel sich in feinste Teilchen auflösen, um die Zugänge und die Harmonisierung deines Lichtkörpers zu erreichen. Diese Methode kannst du auch nutzen, um die Integration eines Potenzials, das aus einem Lichtkörperartefakt gelöst wurde, zu erleichtern.

Begebe dich in deinen heiligen Kreis und sorge dafür, dass du dich dort auch körperlich wohlfühlst und du eine Weile dort bleiben kannst. Dann beginne, dich mehr und mehr mit Hilfe deines Atems zu entspannen. Bist du nun ganz bei dir, lade die fünf Erzengel ein; beginne mit dem blauen Strahl und Erzengel Michael und beende die Anrufung mit dem weißen Strahl des Erzengels Haniel. Atme ruhig weiter, bis du die lichtvollen

Kräfte um dich herum spürst, und erlaube dir, dich mehr und mehr zu entspannen.

Nun erinnere dich an das, was du wieder aktivieren willst, und sprich bitte folgenden Satz: Ich verbinde mich mit dem Teil meiner kosmischen Matrix, die das Hologramm meines Lebensalters von … Jahren trägt. Alterstypische Unsicherheiten, Ängste und Einschränkungen meiner Lebenskraft aus dieser Zeit löse ich hiermit auf, und ich bin verbunden mit meiner Autonomie, Lebensfreude, Gesundheit und Ganzheit, die in diesem Alter und in meinem ganzen Sein gespeichert wurde. Diesen Teil meiner kosmischen Matrix verbinde ich voller Lebensfreude und Gesundheit mit meinem jetzigen Sein.

Du wirst erleben, wie du dich selbst mehr und mehr in die innere und äußere Unabhängigkeit begibst, die du besessen hast, bevor du einem Kind sein Leben geschenkt hast oder bevor andere Geschehnisse und Herausforderungen dich erreichten. Nun kannst du dazu übergehen, dein Leben in Unabhängigkeit und Liebe zu gestalten. Wenn du magst, rufe die Göttin Lilith dazu, denn ihre Erfahrungen als Schöpfergöttin und Mutter sind unübertroffen in der Geschichte Gaias.

Die tiefen Enttäuschungen, die Lilith in ihrer weiblichen Schöpferinnenkraft mit der männlich fordernden Energie erlebte, haben in jeder weiblichen Kraft ihre Spuren zurückgelassen. Es ist wie eine Urwunde in den Beziehungen der Geschlechter, die erst dann heilen wird, wenn jeder Mensch und jedes Wesen sich selbst als göttlich vollkommen anerkennt und in ein spirituelles Selbstverständnis hineinwächst. Die Illusionen der Bedürftigkeit und der Abhängigkeit und die große Täuschung, auf Liebe und Anerkennung von außen angewiesen zu sein, die ständig nach Bestätigung und Nahrung sucht, können sich auflösen. Durch die Erlösung dieser Bedürftigkeiten an andere Menschen oder Geschöpfe nimmt sich das spirituelle Selbst in dir mehr und mehr den Raum, der ihm zusteht, denn du bist ein spirituelles Wesen, das eine Erfahrung kreiert hat. Lilith ging einsam und allein ihren Weg und fand sich selbst, sie wurde vollkommen autonom und frei. Und sie entwickelte erneut ihre Schöpferinnenkraft, aus ihrer Freude heraus und zu ihrer Freude. Was sie erschafft, erschafft sie nicht aus einem Bedürfnis an andere heraus, sondern mit der Freude, die ihr eigen ist. Diese tiefe Lebensfreude ist Schöpferinnenkraft, aus der heraus all das Schöne und Lichtvolle entstehen kann, das eine göttliche Schöpfung ausmacht. Verbinde dich mehr und mehr und immer wieder mit dem freudvollsten Teil deines spirituellen Selbst, der wunderbaren Lilith, und deiner Schöpferinnenkraft.

Bringe dich in eine tiefe innere Harmonie, aus der heraus deine eigene, innere Lilith erstrahlen kann. Lass die Freude ihrer Schöpferinnenkraft aus dir heraus in die Schöpfung hinein erstrahlen, und genieße jeden Atemzug deines Seins in vollen Zügen. Erkenne dich als Individuum, als vollkommen eigenständiges Lichtwesen, unabhängig und frei. Deine innere Freiheit wird dein Licht erstrahlen lassen, das mit jedem deiner Atemzüge in Resonanz zu der Freude der Göttin treten wird. Trete in die Resonanz mit den Visionen Liliths, und verbinde dich auf diese Weise mit der »neuen Erde«, die bereits mit den Kräften des Lichts und der Göttin erschaffen wurde. Lass diese lichtvollen und heilenden

Energien durch dich fließen und wirken, und verbinde so mehr und mehr das licht- und friedvolle Alte mit dem licht- und friedvollen Neuen.

Ich bin verbunden mit dir,
im Herzen der Mutter Erde,
im Herzen Gaias.

Lady Miriam von Chaldäa
(und die Hathoren)

Über die Autorin

Petra Aiana Freese wuchs, lange bevor es diese Bezeichnung gab, in einer liebevollen Patchwork-Familie mit freiem spirituellen Hintergrund auf. Immer verbunden mit den Energien des Maha Cohan, beschritt sie auf Grund eigener Lebensumbrüche viele Heilungs- und Entwicklungswege, auf denen sie von den Kräften des Lichts geführt und gefördert wurde. Sie absolvierte zahlreiche Ausbildungen und Einweihungen, darunter in Reiki, Reinkarnationsheilung, Lichtkörperharmonisierung, Kristallheilung, Chakrenlehre, Seelenrückholung und Ancient-Master-Healing. Seit 1999 ist sie als spirituelle Lehrerin, Astrologin und New-Age-Coach tätig. In ständiger Abstimmung mit dem Maha Cohan, Lady Portia und Lady Miriam von Chaldäa unterrichtet sie und begleitet Menschen auf dem wundervollen Weg in die neue Energie und die spirituelle Freiheit.

Wer möchte, kann mit ihr Kontakt aufnehmen unter info@mahacohan.de und sich auf www.mahacohan.de eingehender über die geschilderten Zusammenhänge informieren. Ihre regelmäßig erscheinenden Mondin-News stehen auf www.gaia-kristall-network.com.

Die Autorin ist auch postalisch zu erreichen:
Petra Aiana Freese, Klingenberg 6, 23845 Seth,
Deutschland

KOSMISCHE FARBEN, KOSMISCHER KLANG

Petra Aiana Freese channelt Kristallwissen aus Atlantis und Lemuria

192 Seiten, Hardcover, Leseband
Amra Verlag, € 19,95

ISBN 978-3-939373-72-8

Kristalle sind Wissensspeicher, und der Maha Cohan, Lenker der sieben göttlichen Strahlen der aufgestiegenen Meister, offenbart uns Wissen und Weisheit der neu entdeckten Kristalle aus Atlantis und Lemuria. Seine kenntnisreichen Worte sind ein Weckruf für unseren Lichtkörper.

Aus dem Inhalt: Kristallines Sein – Der lemurianische Code – Hüter der Schöpfung – Kristallverbindungen – Einstrom der Zentrumsenergie – Aktivierung der Artefakte – Meditationen für die Neue Zeit

»Ich, der Maha Cohan, bin ein kosmisches Energiefeld, das mit anderen Lichtkräften in euer Universum zurückgekehrt ist, um in dieser Übergangszeit den harmonischen Entwicklungsweg der Erde zu unterstützen. Unmittelbar verbunden bin ich mit einem Teil der heutigen Menschheit – mit den Seelen, die damals mit mir gemeinsam auf Gaia eintrafen. Euer Licht und eure tiefe Liebe aktivieren nun die kristallinen Anker aus Klängen und Farben, die ihr bereits vor unendlich langer Zeit gehütet habt.«

16 Farbseiten mit Kristallaufnahmen – eine meditative Einweihung!

Die im Buch enthaltenen Fotos der einzelnen Kristallarten ermöglichen es dir, mehr und mehr in das strahlende Licht deines spirituellen Selbst hineinzuwachsen und deine Rolle in dieser Schöpfung zu erkennen.

Textauszüge auf www.AmraVerlag.de

DAS GEHEIMNIS DER ATLANTISCHEN KRISTALLBIBLIOTHEK

Der *Bestseller* von Karin Tag

320 Seiten, davon 16 Seiten Fotostrecke
mit Leseband und Schutzumschlag
Amra Verlag, € 22,95

ISBN 978-3-939373-51-3

Eine goldgefasste Kristalltafel, die Portale in höhere Dimensionen öffnet, Orakelsteine, die Lichtbilder projizieren, Teile des Skeletts und das Herz von Amaru Muru, dem letzten Priester von Atlantis – diese und andere magische Objekte aus reinem Bergkristall erhielt Karin Tag vom Volk der Inka. In Trance erlebte sie, welchen Ursprung sie haben und welche Aufgabe ihnen zukommt. Sie ging auf eine Reise, die sie ins Innere der Erde führte. Dies ist ihr Bericht. Expertisen beweisen die Echtheit der Stücke.

HEILUNG DER ERDE

Eine schamanische Heilzeremonie
der Inka, gesungen von Karin Tag

Amra Records, 74 Minuten, € 19,95

ISBN 978-3-939373-71-1

Diese CD ist eine Rarität. Das Tönen der Muschel leitet ein Ritual ein, das sich über eine Liebeserklärung an Mutter Erde, den Ruf des Kondors und dreizehn weitere Stücke fortsetzt. Die Zeremonie dient dem Frieden unseres Planeten und berührt alles, was lebendig ist, mit tiefer Liebe.

Textauszüge und Hörproben auf www.AmraVerlag.de

NEUE ZEIT

Channelings von Lee Carroll, Tom Kenyon & James Tyberonn

368 Seiten, Hardcover, Leseband
Amra Verlag, € 19,95

ISBN 978-3-939373-76-6

Botschaften von Kryon, den Hathoren, Maria Magdalena und Metatron zeigen, dass die Neue Zeit beginnt, in der die Umwandlung Gaias in einen Kristallplaneten weiter voranschreitet und unser Aufstieg sich beschleunigt. Immer mehr fortschrittliche Seelen versammeln sich: visionäre Schöpfer, humanistische Aktivisten, soziale Unternehmer. Kryon sagt: »Du bist ein vollkommener Bestandteil dieses Erwachens. Woher ich das weiß? Weil dein Blick auf diesem Buch ruht, alte Seele.«

THOTH – MEDITATION ZUR RECHTSDREHENDEN DNS

empfangen und gesprochen
von Christina Holsten

Amra Records, 51 Minuten, € 19,95

ISBN 978-3-939373-81-0

Meister Thoth sagt: »Nur der feste Entschluss, den Weg der Erkenntnis zu gehen, kehrt die linksdrehende Rotation eurer DNS in eine rechtsdrehende um. Erst dann wird die vollständige 12-Strang-DNS sichtbar.« Ein von Thoth selbst gegebenes Werkzeug, das unsere spirituelle Entwicklung beschleunigt.

Textauszüge und Hörproben auf www.AmraVerlag.de